Nietzsche

COLEÇÃO DAS OBRAS DE NIETZSCHE
Coordenação de Paulo César de Souza

Além do bem e do mal — Prelúdio a uma filosofia do futuro
O Anticristo — Maldição ao cristianismo e
Ditirambos de Dionísio
Assim falou Zaratustra — Um livro para todos e para ninguém
Aurora — Reflexões sobre os preconceitos morais
O caso Wagner — Um problema para músicos
e Nietzsche contra Wagner — Dossiê de um psicólogo
Crepúsculo dos ídolos — ou Como se filosofa com o martelo
Ecce homo — Como alguém se torna o que é
A gaia ciência
Genealogia da moral — Uma polêmica
Humano, demasiado humano — Um livro para espíritos livres
Humano, demasiado humano — Um livro para espíritos livres — volume II
O nascimento da tragédia — ou Os gregos e o pessimismo

FRIEDRICH NIETZSCHE

GENEALOGIA DA MORAL

Uma Polêmica

Tradução, notas e posfácio:
Paulo César de Souza

18ª reimpressão

COMPANHIA DE BOLSO

Grafia atualizada segundo o Acordo Ortográfico da Língua Portuguesa de 1990, que entrou em vigor no Brasil em 2009.

Título original: Zur Genealogie der Moral. Eine Streitschrift (1887)

Capa
Jeff Fisher

Preparação
Isabel Jorge Cury

Revisão
Marcelo D. de Brito Riqueti
Juliane Kaori

Dados Internacionais de Catalogação na Publicação (CIP)
(Câmara Brasileira do Livro, SP, Brasil)

Nietzsche, Friedrich Wilhelm, 1844-1900.
Genealogia da moral: uma polêmica / Friedrich Nietzsche ; tradução, notas e posfácio Paulo César de Souza. — São Paulo : Companhia das Letras, 2009.

Título original: Zur Genealogie der Moral
ISBN 978-85-359-1456-6

1. Ascetismo 2. Ética 3. Filosofia alemã I. Souza, Paulo César de. II Título.

09-03737 CDD-193

Índices para catálogo sistemático:
1. Alemanha : Filosofia 193
2. Filosofia alemã 193

EDITORA SCHWARCZ S.A.
Rua Bandeira Paulista, 702, cj. 32
04532-002 — São Paulo — SP
Telefone: (11) 3707-3500
www.companhiadasletras.com.br
www.blogdacompanhia.com.br
facebook.com/companhiadasletras
instagram.com/companhiadasletras
twitter.com/cialetras

SUMÁRIO

PRÓLOGO

1. Nós, homens do conhecimento, não nos conhecemos; de nós mesmos somos desconhecidos — e não sem motivo. Nunca nos procuramos: como poderia acontecer que um dia nos encontrássemos? Com razão alguém disse: "onde estiver teu tesouro, estará também teu coração".[1] *Nosso* tesouro está onde estão as colmeias do nosso conhecimento. Estamos sempre a caminho delas, sendo por natureza criaturas aladas e coletoras do mel do espírito, tendo no coração apenas um propósito — levar algo "para casa". Quanto ao mais da vida, as chamadas "vivências", qual de nós pode levá-las a sério? Ou ter tempo para elas? Nas experiências presentes, receio, estamos sempre "ausentes": nelas não temos nosso coração — para elas não temos ouvidos. Antes, como alguém divinamente disperso e imerso em si, a quem os sinos acabam de estrondear no ouvido as doze batidas do meio-dia, e súbito acorda e se pergunta "o que foi que soou?", também nós por vezes abrimos *depois* os ouvidos e perguntamos, surpresos e perplexos inteiramente, "o que foi que vivemos?", e também "quem somos realmente?", e em seguida contamos, depois, como disse, as doze vibrantes batidas da nossa vivência, da nossa vida, nosso *ser* — ah! e contamos errado... Pois continuamos necessariamente estranhos a nós mesmos, não nos compreendemos, *temos* que nos mal-entender, a nós se aplicará para sempre a frase: "Cada qual é o mais distante de si mesmo" — para nós mesmos somos "homens do desconhecimento"...

2. Meus pensamentos sobre a *origem* de nossos preconceitos morais — tal é o tema deste escrito polêmico — tiveram sua expressão primeira, modesta e provisória na coletânea de aforismos que leva o título *Humano, demasiado humano. Um livro para espíritos livres*, cuja redação foi iniciada em Sorrento, durante um inverno que me permitiu fazer uma parada, como faz um andarilho, e deitar os olhos sobre a terra vasta e perigosa que meu espírito percorrera até então. Isto aconteceu no inverno de 1876-7; os pensamentos mesmos são mais antigos. Já eram, no essencial, os mesmos que retomo nas dissertações seguintes — esperemos que o longo intervalo lhes tenha feito bem, que tenham ficado mais maduros, mais claros, fortes, perfeitos! O fato de que me atenho a eles ainda hoje, de que eles mesmos se mantenham juntos de modo sempre firme, crescendo e entrelaçando-se, isto fortalece em mim a feliz confiança em que não me tenham brotado de maneira isolada, fortuita, esporádica, mas a partir de uma raiz comum, de algo que comanda na profundeza, uma *vontade fundamental* de conhecimento que fala com determinação sempre maior, exigindo sempre maior precisão. Pois somente assim convém a um filósofo. Não temos o direito de atuar *isoladamente* em nada: não podemos errar isolados, nem isolados encontrar a verdade. Mas sim, com a necessidade com que uma árvore tem seus frutos, nascem em nós nossas ideias, nossos valores, nossos sins e nãos e ses e quês — todos relacionados e relativos uns aos outros, e testemunhas de *uma* vontade, *uma* saúde, *um* terreno, *um* sol. — Se *vocês* gostarão desses nossos frutos? — Mas que importa isso às árvores! Que importa isso a nós, filósofos!...

3. Por um escrúpulo que me é peculiar, e que confesso a contragosto — diz respeito à *moral*, a tudo o que até agora foi celebrado na terra como moral —, escrúpulo que surgiu tão cedo em minha vida, tão insolicitado, tão incontido, tão em contradição com ambiente, idade, exemplo, procedência, que eu quase poderia denominá-lo meu "*a priori*" — tanto minha curiosidade quanto minha suspeita deveriam logo deter-se na questão *de onde se originam* verdadeiramente nosso bem e nosso mal. De fato, já quando era um garoto de treze anos me perseguia o problema da origem do bem e do mal: a ele dediquei, numa idade em que se tem "o coração dividido entre brinquedos e Deus",[2] minha primeira brincadeira literária, meu primeiro exercício filosófico — quanto à "solução" que encontrei então, bem, rendi homenagem a Deus, como é justo, fazendo-o *Pai* do mal. Era isso o que exigia meu "*a priori*" de mim? Aquele novo e imoral, pelo menos imoralista "a priori", e o "imperativo categórico" que nele falava, tão antikantiano, tão enigmático, ao qual desde então tenho dado atenção, e mais que atenção?... Por fortuna logo aprendi a separar o preconceito teológico do moral, e não mais busquei a origem do mal *por trás* do mundo. Alguma educação histórica e filológica, juntamente com um inato senso seletivo em questões psicológicas, em breve transformou meu problema em outro: sob que condições o homem inventou para si os juízos de valor "bom" e "mau"? e que valor têm eles? Obstruíram ou promoveram até agora o crescimento do homem? São indício de miséria, empobrecimento, degeneração da vida? Ou, ao contrário, revela-se neles a plenitude, a força, a vontade da vida, sua coragem, sua certeza, seu futuro? — Para isso encontrei e arrisquei respostas diversas, diferenciei épocas, povos, hierarquias dos indivíduos, especializei meu problema, das respostas nasceram novas perguntas, indagações, suposições, probabilidades: até que finalmente eu possuía um país meu, um chão próprio, um mundo silente, próspero, florescente, como um jardim secreto do qual ninguém suspeitasse... Oh, como somos felizes, nós, homens do conhecimento, desde que saibamos manter silêncio por algum tempo!...

4. O primeiro impulso para divulgar algumas das minhas hipóteses sobre a procedência da moral me foi dado por um livrinho claro, limpo e sagaz — e maroto —, no qual uma espécie contrária e perversa de hipótese genealógica, sua espécie propriamente inglesa, pela primeira vez me apareceu nitidamente, e que por isso me atraiu — com aquela força de atração que possui tudo o que é oposto e antípoda. O título do livrinho era *A origem das impressões morais*; seu autor, o dr. Paul Rée;[3] o ano de seu aparecimento, 1877. Talvez eu jamais tenha lido algo a que dissesse "não" de tal modo, sentença por sentença, conclusão por conclusão, como a esse livro: sem traço de irritação ou impaciência, porém. Na obra acima mencionada, na qual trabalhava então, eu me refiro, oportuna e inoportunamente, às teses desse livro, não para refutá-las — que tenho eu a ver com refutações! — mas sim, como convém num espírito positivo, para substituir o improvável pelo mais provável, e ocasionalmente um erro por outro. Foi então que, como disse, pela primeira vez apresentei as hipóteses sobre origens a que são dedicadas estas dissertações, de maneira canhestra, como seria o último a negar, ainda sem liberdade, sem linguagem própria para essas coisas próprias, e com recaídas e hesitações diversas. Confira-se, em particular, o que digo em *Humano, demasiado humano* (parágrafo 45) sobre a dupla pré-história do bem e do mal (a saber, na esfera dos nobres e na dos escravos); igualmente (§ 136) sobre valor e origem da moral ascética; igualmente (§ 96, 99, e vol. II, 89), sobre a "moralidade do costume", aquela espécie de moral mais antiga e primordial, que difere *toto coelo* [diametralmente][4] do modo de valorizar altruísta (que o dr. Rée, como todos os genealogistas da moral ingleses, vê como o modo de valorar em si); igualmente (§ 92), *O andarilho* (§ 26), *Aurora* (§ 112), sobre a origem da justiça como um acerto entre poderosos mais ou menos iguais (o equilíbrio como pressuposto de todo contrato, portanto de todo direito); do mesmo modo, *O andarilho* (§ 22, 33), sobre a origem do castigo, ao qual a finalidade de intimidação não é essencial nem primordial (como pensa o dr. Rée — ela lhe é, isto sim, enxertada em determinadas circunstâncias, e sempre como algo acessório, adicionado).

5. No fundo interessava-me algo bem mais importante do que revolver hipóteses, minhas ou alheias, acerca da origem da moral (mais precisamente, isso me interessava apenas com vista a um fim para o qual era um meio entre muitos). Para mim, tratava-se do *valor* da moral — e nisso eu tinha de me defrontar sobretudo com o meu grande mestre Schopenhauer, ao qual aquele livro, a paixão e a secreta oposição daquele livro se dirigem, como a um contemporâneo (— também ele era um "escrito polêmico"). Tratava-se, em especial, do valor do "não-egoísmo", dos instintos de compaixão, abnegação, sacrifício, que precisamente Schopenhauer havia dourado, divinizado, idealizado,[5] por tão longo tempo que afinal eles lhe ficaram como "valores em si", com base nos quais ele disse *não* à vida e a si mesmo. Mas precisamente contra *esses* instintos manifestava-se em mim uma desconfiança cada vez mais radical, um ceticismo cada vez mais profundo! Precisamente nisso enxerguei o *grande* perigo para a humanidade, sua mais sublime sedução e tentação — a quê? ao nada? —; precisamente nisso enxerguei o começo do fim, o ponto morto, o cansaço que olha para trás, a vontade que se volta *contra* a vida, a última doença anunciando-se terna e melancólica: eu compreendi a moral da compaixão, cada vez mais se alastrando, capturando e tornando doentes até mesmo os filósofos, como o mais inquietante sintoma dessa nossa inquietante cultura europeia; como o seu caminho sinuoso em direção a um novo budismo? a um budismo europeu? a um — *niilismo*?... Pois essa moderna preferência e superestimação da compaixão por parte dos filósofos é algo novo: justamente sobre o *não-valor* da compaixão os filósofos estavam até agora de acordo. Menciono apenas Platão, Spinoza, La Rochefoucauld e Kant, quatro espíritos tão diversos quanto possível um do outro, mas unânimes em um ponto: na pouca estima da compaixão. —

6. Este problema do *valor* da compaixão e da moral da compaixão (— eu sou um adversário do amolecimento moderno dos sentimentos —) à primeira vista parece ser algo isolado, uma interrogação à parte; mas quem neste ponto se detém, quem aqui aprende a questionar, a este sucederá o mesmo que ocorreu a mim — uma perspectiva imensa se abre para ele, uma nova possibilidade dele se apodera como uma vertigem, toda espécie de desconfiança, suspeita e temor salta adiante, cambaleia a crença na moral, em toda moral — por fim, uma nova exigência se faz ouvir. Enunciemo-la, esta *nova exigência*: necessitamos de uma *crítica* dos valores morais, *o próprio valor desses valores deverá ser colocado em questão* — para isto é necessário um conhecimento das condições e circunstâncias nas quais nasceram, sob as quais se desenvolveram e se modificaram (moral como consequência, como sintoma, máscara, tartufice,[6] doença, mal-entendido; mas também moral como causa, medicamento, estimulante, inibição, veneno), um conhecimento tal como até hoje nunca existiu nem foi desejado. Tomava-se o *valor* desses "valores" como dado, como efetivo, como além de qualquer questionamento; até hoje não houve dúvida ou hesitação em atribuir ao "bom" valor mais elevado que ao "mau", mais elevado no sentido da promoção, utilidade, influência fecunda para *o homem* (não esquecendo o futuro do homem). E se o contrário fosse a verdade? E se no "bom" houvesse um sintoma regressivo, como um perigo, uma sedução, um veneno, um narcótico, mediante o qual o presente vivesse como que *às expensas do futuro*? Talvez de maneira mais cômoda, menos perigosa, mas também num estilo menor, mais baixo?... De modo que precisamente a moral seria culpada de que jamais se alcançasse o *supremo brilho e potência* do tipo homem? De modo que precisamente a moral seria o perigo entre os perigos?...

7. Em suma, desde que para mim se abriu essa perspectiva, tive razões para olhar em torno, em busca de camaradas doutos, ousados e trabalhadores (ainda hoje olho). O objetivo é percorrer a imensa, longínqua e recôndita região da moral — da moral que realmente houve, que realmente se viveu — com novas perguntas, com novos olhos: isto não significa praticamente *descobrir* essa região?... Se para isso pensei no mencionado dr. Rée, entre outros, isto ocorreu por não duvidar que a natureza mesma das suas questões o levaria a métodos mais corretos para alcançar as respostas. Teria me enganado nisso? Meu desejo, em todo o caso, era dar a um olhar tão agudo e imparcial uma direção melhor, a direção da efetiva *história da moral*, prevenindo-o a tempo contra essas hipóteses inglesas que se perdem *no* *azul*. Pois é óbvio que uma outra cor deve ser mais importante para um genealogista da moral: *o cinza*, isto é, a coisa documentada, o efetivamente constatável, o realmente havido, numa palavra, a longa, quase indecifrável escrita hieroglífica do passado moral humano! — O dr. Rée não sabia de sua existência; mas ele havia lido Darwin — e assim, em suas hipóteses, de maneira no mínimo divertida, a besta darwiniana e o moderníssimo, modesto fracote moral dão-se graciosamente as mãos, este com expressão de bondosa e refinada indolência no rosto, à qual se mistura inclusive um grão de pessimismo e de cansaço, como se não pagasse a pena levar todas essas coisas — os problemas da moral — tão a sério. A mim me parece, muito ao contrário, que não existem coisas que mais *compensem* serem levadas a sério; sua recompensa está, por exemplo, em que talvez se possa um dia levá-las *na brincadeira*, na jovialidade. Pois a jovialidade, ou, para dizê-lo com a minha linguagem, *a gaia ciência*, é uma recompensa: um pagamento por uma longa, valente, laboriosa e subterrânea seriedade, uma tal que, admito, não é para todos. No dia, porém, em que com todo o coração dissermos: "avante! também a nossa velha moral é coisa de *comédia*!" — teremos descoberto novas intrigas e possibilidades para o drama dionisíaco do "Destino da Alma"; e ele saberá utilizá-las, disso podemos ter certeza, ele, o grande, velho, eterno poeta-comediógrafo da nossa existência!...

8. Se este livro resultar incompreensível para alguém, ou dissonante aos seus ouvidos, a culpa, quero crer, não será necessariamente minha. Ele é bastante claro, supondo-se — e eu suponho — que se tenha lido minhas obras anteriores,[7] com alguma aplicação na leitura: elas realmente não são fáceis. No que toca ao meu *Zaratustra*, por exemplo, não pode se gabar de conhecê-lo quem já não tenha sido profundamente ferido e profundamente encantado por cada palavra sua: só então poderá fruir o privilégio de participar, reverentemente, do elemento alciônico do qual se originou aquela obra, da sua luminosa claridade, distância, amplidão e certeza. Em outros casos, a forma aforística traz dificuldade: isto porque atualmente não lhe é dada *suficiente importância*. Bem cunhado e moldado, um aforismo não foi ainda "decifrado", ao ser apenas lido: deve ter início, então, a sua *interpretação*, para a qual se requer uma arte da interpretação. Na terceira dissertação deste livro, ofereço um exemplo do que aqui denomino "interpretação": a dissertação é precedida por um aforismo, do qual ela constitui o comentário. É certo que, a praticar desse modo a leitura como *arte*, faz-se preciso algo que precisamente em nossos dias está bem esquecido — e que exigirá tempo, até que minhas obras sejam "legíveis" —, para o qual é imprescindível ser quase uma vaca, e *não* um "homem moderno": o *ruminar*...

Sils-Maria, Alta Engadina, julho de 1887

Primeira dissertação
"BOM E MAU", "BOM E RUIM"

1. — Esses psicólogos ingleses, aos quais até agora devemos as únicas tentativas de reconstituir a gênese da moral — em si mesmos eles representam um enigma nada pequeno; e é como enigmas em carne e osso, devo admitir, que eles têm uma vantagem essencial sobre seus livros — *eles são interessantes*! Esses psicólogos ingleses — que querem eles afinal? Voluntariamente ou não, estão sempre aplicados à mesma tarefa, ou seja, colocar em evidência a *partie honteuse* [o lado vergonhoso] de nosso mundo interior, e procurar o elemento operante, normativo, decisivo para o desenvolvimento, justamente ali onde o nosso orgulho intelectual menos *desejaria* encontrá-lo (por exemplo, na *vis inertiae* [força da inércia] do hábito, na faculdade do esquecimento, numa cega e casual engrenagem ou trama de ideias, ou em algo puramente passivo, automático, reflexo, molecular e fundamentalmente estúpido) — o que impele esses psicólogos sempre *nesta direção*? Seria um secreto, pérfido, vulgar, a si mesmo talvez inconfesso instinto de apequenamento do homem? Ou, digamos, uma suspicácia pessimista, a desconfiança de idealistas desencantados, ensombrecidos, enfim venenosos e enraivecidos? Ou um certo desamor e rancor subterrâneo ao cristianismo (e a Platão), que talvez não tenha sequer alcançado o limiar da consciência? Ou mesmo um gosto lascivo pelo que é estranho, dolorosamente paradoxal, problemático e absurdo na existência? Ou, por fim — de tudo alguma coisa, um pouco de vulgaridade, um pouco de pessimismo, um pouco de anticristianismo, um pouco de comichão e gosto por pimenta?... Mas ouço dizer que não passam de velhos sapos frios e aborrecidos, pulando e se arrastando dentro e em torno do homem, como se nele estivessem no seu elemento, isto é, num *pântano.* Ouço isto com relutância, mais ainda, com descrença: e se nos é permitido desejar, quando não podemos saber, então desejo de coração que se dê precisamente o oposto — que esses pesquisadores e microscopistas da alma sejam na verdade criaturas valentes, magnânimas e orgulhosas, que saibam manter em xeque seu coração e sua dor, e que se tenham cultivado a ponto de sacrificar qualquer desejo à verdade, a *toda* verdade, até mesmo à verdade chã, acre, feia, repulsiva, amoral, acristã... Porque existem tais verdades. —

2. Todo o respeito, portanto, aos bons espíritos que acaso habitem esses historiadores da moral! Mas infelizmente é certo que lhes falta o próprio *espírito histórico*, que foram abandonados precisamente pelos bons espíritos da história! Todos eles pensam, como é velho costume entre filósofos, de maneira *essencialmente* a-histórica; quanto a isso não há dúvida. O caráter tosco da sua genealogia da moral se evidencia já no início, quando se trata de investigar a origem do conceito e do juízo "bom". "Originalmente" — assim eles decretam — "as ações não egoístas foram louvadas e consideradas boas por aqueles aos quais eram feitas, aqueles aos quais eram *úteis*; mais tarde foi *esquecida* essa origem do louvor, e as ações não egoístas, pelo simples fato de terem sido *costumeiramente* tidas como boas, foram também sentidas como boas — como se em si fossem algo bom." Logo se percebe: esta primeira dedução já contém todos os traços típicos da idiossincrasia dos psicólogos ingleses — temos aí "a utilidade", "o esquecimento", "o hábito" e por fim "o erro", tudo servindo de base a uma valoração[8] da qual o homem superior até agora teve orgulho, como se fosse um privilégio do próprio homem. Este orgulho *deve* ser humilhado, e esta valoração desvalorizada: isso foi feito?... Para mim é claro, antes de tudo, que essa teoria busca e estabelece a fonte do conceito "bom" no lugar errado: o juízo "bom" *não* provém daqueles aos quais se fez o "bem"! Foram os "bons" mesmos, isto é, os nobres, poderosos, superiores em posição e pensamento, que sentiram e estabeleceram a si e a seus atos como bons, ou seja, de primeira ordem, em oposição a tudo que era baixo, de pensamento baixo, e vulgar e plebeu. Desse *pathos da distância* é que eles tomaram para si o direito de criar valores, cunhar nomes para os valores: que lhes importava a utilidade! Esse ponto de vista da utilidade é o mais estranho e inadequado, em vista de tal ardente manancial de juízos de valor supremos, estabelecedores e definidores de hierarquias: aí o sentimento alcançou bem o oposto daquele baixo grau de calor que toda prudência calculadora, todo cálculo de utilidade pressupõe — e não por uma vez, não por uma hora de exceção, mas permanentemente. O *pathos* da nobreza e da distância, como já disse, o duradouro, dominante sentimento global de uma elevada estirpe senhorial, em sua relação com uma estirpe baixa, com um "sob" — eis a origem da oposição "bom" e "ruim". (O direito senhorial de dar nomes vai tão longe, que nos permitiríamos conceber a própria origem da linguagem como expressão de poder dos senhores: eles dizem "isto *é* isto", marcam cada coisa e acontecimento com um som, como que apropriando-se assim das coisas.) Devido a essa providência, já em princípio a palavra "bom" *não é* ligada necessariamente a ações "não egoístas", como quer a superstição daqueles genealogistas da moral. É somente com um *declínio* dos juízos de valor aristocráticos que essa oposição "egoísta" e "não egoísta" se impõe mais e mais à consciência humana — é, para utilizar minha linguagem, o *instinto de rebanho*, que com ela toma finalmente a palavra (e *as palavras*). E mesmo então demora muito, até que esse instinto se torne senhor de maneira tal que a valoração moral fique presa e imobilizada nessa oposição (como ocorre, por exemplo, na Europa de hoje: nela, o preconceito que vê equivalência entre "moral", "não egoísta" e "*désinteréssé*" já predomina com a violência de uma "ideia fixa" ou doença do cérebro).

3. Mas em segundo lugar: não considerando o fato de que essa hipótese sobre a origem do juízo de valor "bom" é historicamente insustentável, em si mesma ela sofre de um contrassenso psicológico. A utilidade da ação não egoísta seria a causa da sua aprovação, e esta causa teria sido *esquecida* — como é *possível* tal esquecimento? A utilidade dessas ações teria deixado de existir? Ao contrário: essa utilidade foi experiência cotidiana em todas as épocas, portanto algo continuamente enfatizado; logo, em vez de desaparecer da consciência, em vez de tornar-se olvidável, deveria firmar-se na consciência com nitidez sempre maior. Bem mais razoável é a teoria oposta (nem por isso mais verdadeira —), defendida por Herbert Spencer, por exemplo: que estabelece o conceito "bom" como essencialmente igual a "útil", "conveniente", de modo que nos conceitos "bom" e "ruim" a humanidade teria sumariado e sancionado justamente as suas experiências *inesquecidas* e *inesquecíveis* acerca do útil-conveniente e do nocivo-inconveniente. Bom é, segundo essa teoria, o que desde sempre demonstrou ser útil: assim pode requerer validade como "valioso no mais alto grau", "valioso em si". Também essa via de explicação é errada, como disse, mas ao menos a explicação mesma é razoável e psicologicamente sustentável.

4. A indicação do caminho *certo* me foi dada pela seguinte questão: que significam exatamente, do ponto de vista etimológico, as designações para "bom" cunhadas pelas diversas línguas? Descobri então que todas elas remetem à mesma *transformação conceitual* — que, em toda parte, "nobre", "aristocrático", no sentido social, é o conceito básico a partir do qual necessariamente se desenvolveu "bom", no sentido de "espiritualmente nobre", "aristocrático", de "espiritualmente bem-nascido", "espiritualmente privilegiado": um desenvolvimento que sempre corre paralelo àquele outro que faz "plebeu", "comum", "baixo" transmutar-se finalmente em "ruim". O exemplo mais eloquente deste último é o próprio termo alemão *schlecht* [ruim], o qual é idêntico a *schlicht* [simples] — confira-se *schlechtweg*, *schlechterdings* [ambos "simplesmente"] — e originalmente designava o homem simples, comum, ainda sem olhar depreciativo, apenas em oposição ao nobre. Mais ou menos ao tempo da Guerra dos Trinta Anos, ou seja, bastante tarde, este sentido modificou-se no sentido atual. — Esta me parece uma percepção *essencial*, no que toca a uma genealogia da moral; que tenha surgido tão tarde deve-se ao efeito inibidor que no mundo moderno exerce o preconceito democrático, no tocante a qualquer questão relativa às origens. E isso até mesmo no aparentemente tão objetivo campo da ciência natural e da fisiologia, no que me limitarei a esta alusão. Mas o dano que esse preconceito, exacerbado até o ódio, pode ocasionar acima de tudo para a moral e o estudo da história, mostra-se no famigerado caso de Buckle;[9] em que o *plebeísmo* do espírito moderno, de ascendência inglesa, irrompeu uma vez mais no seu solo natal, impetuoso como um vulcão de lama, e com aquela eloquência excessiva, rumorosa, vulgar, com a qual sempre falaram os vulcões.

5. Com relação ao *nosso* problema, que por bons motivos pode ser chamado um problema *silencioso*, e que de maneira exigente se dirige a bem poucos ouvidos, é de interesse nada pequeno constatar que, nas palavras e raízes que designam o "bom", transparece ainda com frequência a nuance cardeal pela qual os nobres se sentiam homens de categoria superior. É verdade que, talvez na maioria dos casos, eles designam a si mesmos conforme simplesmente a sua superioridade no poder (como "os poderosos", "os senhores", "os comandantes"), ou segundo o signo mais visível desta superioridade, por exemplo, "os ricos", "os possuidores" (este o sentido de *arya*, e de termos correspondentes em iraniano e eslavo). Mas também segundo um *traço típico do caráter*: e é este caso que aqui nos interessa. Eles se denominam, por exemplo, "os verazes"; primeiramente a nobreza grega, cujo porta-voz é o poeta Teógnis de Megara. A palavra cunhada para este fim, *ἐσθλός* [bom, nobre], significa, segundo sua raiz, alguém que é,[10] que tem realidade, que é real, verdadeiro; depois, numa mudança subjetiva, significa o verdadeiro enquanto veraz: nesta fase da transformação conceitual ela se torna lema e distintivo da nobreza, e assume inteiramente o sentido de "nobre", para diferenciação perante o homem comum *mentiroso*, tal como Teógnis o vê e descreve — até que finalmente, com o declínio da nobreza, a palavra resta para designar a aristocracia espiritual, tornando-se como que doce e madura. Na palavra *κακός* [mau, feio], assim como em *δειλός* [tímido, covarde] (o plebeu, em contraposição ao *ἀγαθός* [bom]), enfatiza-se a covardia: isto sugere talvez em que direção se deve buscar a origem etimológica de *ἀγαθός*, passível de interpretações diversas. O latim *malus* (ao qual relaciono *μέλας* [negro]) poderia caracterizar o homem comum como homem de pele escura, sobretudo como de cabelos negros ("*hic niger est* —"),[11] como habitante pré-ariano do território da Itália, que através da cor se distinguia claramente da raça loura, ariana, dos conquistadores tornados senhores; ao menos o gaélico me oferece um caso correspondente— *fin* (por exemplo, no nome *Fin-Gal*),[12] o termo distintivo da nobreza, por fim do homem bom, nobre, puro, originalmente o homem louro, em contraposição aos nativos de pele escura e cabelos negros. Os celtas, diga-se de passagem, eram sem dúvida uma raça loura; comete-se um erro, associando aquelas faixas de uma população de cabelos escuros essencialmente, que se fazem visíveis nos mais cuidadosos mapas etnográficos da Alemanha, a alguma origem ou mistura sanguínea céltica, como ainda faz Virchow:[13] nesses lugares aparece a população pré-ariana da Alemanha. (O mesmo é válido praticamente para toda a Europa: no essencial, a raça submetida terminou por reaver a preponderância, na cor, na forma curta do crânio, talvez até mesmo nos instintos sociais e intelectuais: quem nos garante que a moderna democracia, o ainda mais moderno anarquismo, e sobretudo essa inclinação pela "*commune*", pela mais primitiva forma social, que é hoje comum a todos os socialistas da Europa, não signifique principalmente um gigantesco *atavismo*[14] — e que a raça de conquistadores e *senhores*, a dos arianos, não esteja sucumbindo também fisiologicamente?...) Acredito poder interpretar o latim *bonus* como "o guerreiro", desde que esteja certo ao derivar *bonus* de um mais antigo *duonus* (compare-se *belum* = *duelum* = *duen-lum*, no qual me parece conservado o *duonus*). *Bonus*, portanto, como homem da disputa, da dissensão (*duo*), como o guerreiro: percebe-se o que na Roma antiga constituía a "bondade" de um homem. Mesmo o nosso alemão *Gut* [bom]: não significaria "o divino" [*den Göttlichen*], o homem "de linhagem divina" [*göttlichen Geschlechts*]? E não seria idêntico ao nome do povo (originalmente da nobreza), os godos [*Goten*]? Os motivos para esta suposição não cabem aqui. —

6. Dessa regra, a de que o conceito denotador de preeminência política sempre resulta em um conceito de preeminência espiritual, não constitui ainda exceção (embora dê ensejo a exceções) o fato de a casta mais elevada ser simultaneamente a casta *sacerdotal*, e portanto preferir, para sua designação geral, um predicado que lembre sua função sacerdotal. É então, por exemplo, que "puro" e "impuro" se contrapõem pela primeira vez como distinção de estamentos; aí também se desenvolvem depois "bom" e "ruim", num sentido não mais estamental. De resto, cautela para não tomar de antemão os conceitos "puro" e "impuro" de maneira demasiado ampla ou demasiado rigorosa, ou mesmo simbólica: os conceitos da humanidade antiga foram inicialmente compreendidos, numa medida para nós impensável, de modo grosseiro, tosco, improfundo, estreito, sobretudo e francamente *assimbólico*. O "puro" é, desde o princípio, apenas um homem que se lava, que se proíbe certos alimentos que causam doenças de pele, que não dorme com as mulheres sujas do povo baixo, que tem horror a sangue — e não mais, pouco mais que isso! Por outro lado, a natureza de uma aristocracia sacerdotal esclarece por que precisamente aí as antíteses de valores puderam bem cedo interiorizar-se e tornar-se mais intensas; de fato, através delas abriram-se finalmente, entre os homens, abismos tais que mesmo um Aquiles do livre-pensar hesitaria em transpor. Já de início existe algo *malsão* nessas aristocracias sacerdotais e nos hábitos que nelas vigoram, hábitos hostis à ação, em parte meditabundos, em parte explosivos sentimentalmente, cujas sequelas parecem ser a debilidade intestinal e a neurastenia quase que fatalmente inerentes aos sacerdotes de todos os tempos; mas o que foi por eles mesmos inventado como remédio para essa debilidade — não é preciso dizer que afinal demonstrou ser mil vezes mais perigoso, em seus efeitos ulteriores, do que a doença de que deveria curar? A própria humanidade sofre ainda os efeitos dessas veleidades de cura sacerdotais! Lembremos, por exemplo, certas formas de dieta (abstenção de carne), o jejum, a continência sexual, a fuga "para o deserto" (o isolamento de Weir Mitchell,[15] claro que sem a subsequente cura de engorda e superalimentação, na qual reside o mais eficaz antídoto contra toda histeria do ideal ascético): a isso junte-se a metafísica antissensualista dos sacerdotes, apta a fabricar indolentes e refinados, a sua auto-hipnose à maneira dos faquires e brâmanes — o Brahma usado como botão de vidro e ideia fixa — e por fim o muito compreensível enfado geral com a sua cura radical — o *nada* (ou Deus — o anseio de *unio mystica* com Deus é o anseio budista pelo Nada, pelo Nirvana — e nada mais!). Com os sacerdotes *tudo* se torna mais perigoso, não apenas meios de cura e artes médicas, mas também altivez, vingança, perspicácia, dissolução, amor, sede de domínio, virtude, doença — mas com alguma equidade se acrescentaria que somente no âmbito dessa forma *essencialmente perigosa* de existência humana, a sacerdotal, é que o homem se tornou *um animal interessante*, apenas então a alma humana ganhou *profundidade* num sentido superior, e tornou-se *má* — e estas são as duas formas fundamentais da superioridade até agora tida pelo homem sobre as outras bestas!...

7. — Já se percebe com que facilidade o modo de valoração sacerdotal pode derivar daquele cavalheiresco-aristocrático e depois desenvolver-se em seu oposto; em especial, isso ocorre quando a casta dos sacerdotes e a dos guerreiros se confrontam ciumentamente, e não entram em acordo quanto às suas estimativas. Os juízos de valor cavalheiresco-aristocráticos têm como pressuposto uma constituição física poderosa, uma saúde florescente, rica, até mesmo transbordante, juntamente com aquilo que serve à sua conservação: guerra, aventura, caça, dança, torneios e tudo o que envolve uma atividade robusta, livre, contente.

O modo de valoração nobre-sacerdotal — já o vimos — tem outros pressupostos: para ele a guerra é mau negócio! Os sacerdotes são, como sabemos, *os mais terríveis inimigos* — por quê? Porque são os mais impotentes. Na sua impotência, o ódio toma proporções monstruosas e sinistras, torna-se a coisa mais espiritual e venenosa. Na história universal, os grandes odiadores sempre foram sacerdotes, também os mais ricos de espírito — comparado ao espírito da vingança sacerdotal, todo espírito restante empalidece. A história humana seria uma tolice, sem o espírito que os impotentes lhe trouxeram — tomemos logo o exemplo maior. Nada do que na terra se fez contra "os nobres", "os poderosos", "os senhores", "os donos do poder", é remotamente comparável ao que *os judeus* contra eles fizeram; os judeus, aquele povo de sacerdotes que soube desforrar-se de seus inimigos e conquistadores apenas através de uma radical tresvaloração[16] dos valores deles, ou seja, por um ato *da mais espiritual vingança*. Assim convinha a um povo sacerdotal, o povo da mais entranhada sede de vingança sacerdotal. Foram os judeus que, com apavorante coerência, ousaram inverter a equação de valores aristocrática (bom = nobre = poderoso = belo = feliz = caro aos deuses), e com unhas e dentes (os dentes do ódio mais fundo, o ódio impotente) se apegaram a esta inversão, a saber, "os miseráveis somente são os bons, apenas os pobres, impotentes, baixos são bons, os sofredores, necessitados, feios, doentes são os únicos beatos, os únicos abençoados, unicamente para eles há bem-aventurança — mas vocês, nobres e poderosos, vocês serão por toda a eternidade os maus, os cruéis, os lascivos, os insaciáveis, os ímpios, serão também eternamente os desventurados, malditos e danados!...".

Sabe-se *quem* colheu a herança dessa tresvaloração judaica... A propósito da tremenda, desmesuradamente fatídica iniciativa que ofereceram os judeus, com essa mais radical das declarações de guerra, recordo a conclusão a que cheguei num outro momento (*Além do bem e do mal*, § 195) — de que com os judeus principia *a revolta dos escravos na moral*: aquela rebelião que tem atrás de si dois mil anos de história, e que hoje perdemos de vista, porque — foi vitoriosa...

8. — Mas vocês não compreendem? Não têm olhos para algo que necessitou dois mil anos para alcançar a vitória?... Não é de admirar: tudo o que é *longo* é difícil de ver, ver inteiro. Mas *isto* é o que aconteceu: do tronco daquela árvore da vingança e do ódio, do ódio judeu — o mais profundo e sublime, o ódio criador de ideais e recriador de valores, como jamais existiu sobre a terra —, dele brotou algo igualmente incomparável, um *novo* amor, o mais profundo e sublime de todos os tipos de amor — e de que outro tronco poderia ele ter brotado?... Mas não se pense que tenha surgido como a negação daquela avidez de vingança, como a antítese do ódio judeu! Não, o contrário é a verdade! O amor brotou dele como sua coroa, triunfante, estendendo-se sempre mais na mais pura claridade e plenitude solar, uma coroa que no reino da luz e das alturas buscava as mesmas metas daquele ódio, vitória, espólio, sedução, com o mesmo impulso com que as raízes daquele ódio mergulhavam, sempre mais profundas e ávidas, em tudo que possuía profundidade e era mau. Esse Jesus de Nazaré, evangelho vivo do amor, esse "redentor" portador da vitória e da bem-aventurança aos pobres, aos doentes e aos pecadores — não era ele a sedução em sua forma mais inquietante e irresistível, a sedução e a via sinuosa para justamente aqueles valores judeus e inovações judaicas do ideal? Não teria Israel alcançado, por via desse "redentor", desse aparente antagonista e desintegrador de Israel, a derradeira meta de sua sublime ânsia de vingança? Não seria próprio da ciência oculta de uma realmente *grande* política da vingança, de uma vingança longividente, subterrânea, de passos lentos e premeditados, o fato de que Israel mesmo tivesse de negar e pregar na cruz o autêntico instrumento de sua vingança, ante o mundo inteiro, como um inimigo mortal, para que o "mundo inteiro", ou seja, todos os adversários de Israel, pudesse despreocupadamente morder tal isca? E porventura seria possível, usando-se todo o refinamento do espírito, conceber uma isca *mais perigosa*? Algo que em força atrativa, inebriante, estonteante, corruptora, igualasse aquele símbolo da "cruz sagrada", aquele aterrador paradoxo de um "Deus na cruz", aquele mistério de uma inimaginável, última, extrema crueldade e autocrucificação de Deus *para salvação do homem*?... Certo é, quando menos, que *sub hoc signo* [sob este signo], com sua vingança e sua tresvaloração dos valores, Israel até agora sempre triunfou sobre todos os outros ideais, sobre todos os ideais *mais nobres*. —

9. — "Mas que quer ainda você com ideais *mais nobres*! Sujeitemo-nos aos fatos: o povo venceu — ou 'os escravos', ou 'a plebe', ou 'o rebanho', ou como quiser chamá-lo — se isto aconteceu graças aos judeus, muito bem! jamais um povo teve missão maior na história universal. 'Os senhores' foram abolidos; a moral do homem comum venceu. Ao mesmo tempo, essa vitória pode ser tomada como um envenenamento do sangue (ela misturou entre si as raças) — não contesto; mas indubitavelmente essa intoxicação foi *bem-sucedida*. A 'redenção' do gênero humano (do jugo dos 'senhores') está bem encaminhada; tudo se judaíza, cristianiza, plebeíza visivelmente (que importam as palavras!). A marcha desse envenenamento através do corpo inteiro da humanidade parece irresistível, sua cadência e seu passo podem inclusive ser mais lentos doravante, mais refinados, cautelosos, inaudíveis — há tempo bastante... Ainda possui a Igreja, a este propósito, uma tarefa *necessária* a cumprir, um direito à existência? *Quaeritur* [Pergunta-se]. Estaria ela moderando e obstruindo essa marcha, em vez de acelerá-la? Ora, esta bem poderia ser sua utilidade... Sem dúvida ela é, afinal, algo grosseiro e rústico, que repugna a uma inteligência mais delicada, a um gosto propriamente moderno. Não deveria ao menos refinar-se um pouco?... Atualmente, ela afasta mais do que seduz... Qual de nós seria livre-pensador, se não houvesse a Igreja? A Igreja é que nos repugna, *não* o seu veneno... Não considerando a Igreja, também nós amamos o veneno..." — este o epílogo de um "livre-pensador" à minha fala, um animal honesto, como bem notamos, além disso um democrata; até então me havia escutado, e não resistiu ao me ver calar. Pois neste ponto tenho muito o que calar. —

10. — A rebelião escrava na moral começa quando o próprio ressentimento se torna criador e gera valores: o ressentimento dos seres aos quais é negada a verdadeira reação, a dos atos, e que apenas por uma vingança imaginária obtêm reparação. Enquanto toda moral nobre nasce de um triunfante Sim a si mesma, já de início a moral escrava diz Não a um "fora", um "outro", um "não-eu" — e *este* Não é seu ato criador. Esta inversão do olhar que estabelece valores — este *necessário* dirigir-se para fora, em vez de voltar-se para si — é algo próprio do ressentimento: a moral escrava sempre requer, para nascer, um mundo oposto e exterior, para poder agir em absoluto — sua ação é no fundo reação. O contrário sucede no modo de valoração nobre: ele age e cresce espontaneamente, busca seu oposto apenas para dizer Sim a si mesmo com ainda maior júbilo e gratidão — seu conceito negativo, o "baixo", "comum", "ruim", é apenas uma imagem de contraste, pálida e posterior, em relação ao conceito básico, positivo, inteiramente perpassado de vida e paixão, "nós, os nobres, nós, os bons, os belos, os felizes!". Quando o modo de valoração nobre se equivoca e peca contra a realidade, isso ocorre com relação à esfera que não lhe é familiar, que ele inclusive se recusa bruscamente a conhecer: por vezes não reconhece a esfera por ele desprezada, a do homem comum, do povo baixo; por outro lado, considere-se que o afeto do desprezo, do olhar de cima para baixo, do olhar superiormente, a supor que *falseie* a imagem do desprezado, em todo caso estará muito longe do falseamento com que o ódio entranhado, a vingança do impotente, atacará — *in effigie*, naturalmente — o seu adversário. De fato, no desprezo se acham mescladas demasiada negligência, demasiada ligeireza, desatenção e impaciência, mesmo demasiada alegria consigo, para que ele seja capaz de transformar seu objeto em monstro e caricatura. Não deixemos de notar as quase benévolas nuances que a aristocracia grega, por exemplo, põe em todas as palavras com que distingue de si mesma o povo baixo; como nelas continuamente se mescla, açucarando-as, uma espécie de lamento, consideração, indulgência, ao ponto de quase todas as palavras que aludem ao homem comum terem enfim permanecido como expressões para "infeliz", "lamentável" (cf. δειλός, δείλαιος, πονηρός, μοχθηρός [temeroso, infeliz, sofredor, mísero], as duas últimas caracterizando-o verdadeiramente como escravo do trabalho e besta de carga) — como, por outro lado, "ruim", "baixo", "infeliz", nunca deixaram de soar aos ouvidos gregos em *um* tom, com um timbre no qual "infeliz" predomina: isto como herança do antigo e mais nobre modo de valoração aristocrático, que também no desprezo não nega a si mesmo (— aos filólogos seja lembrado em que sentido são usados ὀιζυρός, ἄνολβος, τλήμων, δυστυχεῖν, ξυμφορά [deplorável, pobre, miserável, ser infortunado, desgraça]). Os "bem-nascidos" se *sentiam* mesmo como os "felizes"; eles não tinham de construir artificialmente a sua felicidade, de persuadir-se dela, *menti-la* para si, por meio de um olhar aos seus inimigos (como costumam fazer os homens do ressentimento); e do mesmo modo, sendo homens plenos, repletos de força e portanto *necessariamente* ativos, não sabiam separar a felicidade da ação — para eles, ser ativo é parte necessária da felicidade (nisso tem origem εὖ πράττειν [fazer bem: estar bem]) — tudo isso o oposto da felicidade no nível dos impotentes, opressos, achacados por sentimentos hostis e venenosos, nos quais ela aparece essencialmente como narcose, entorpecimento, sossego, paz, "sabbat", distensão do ânimo e relaxamento dos membros, ou, numa palavra, *passivamente*. Enquanto o homem nobre vive com confiança e franqueza diante de si mesmo (γενναῖος, "nobre de nascimento", sublinha a nuance de "sincero", e talvez também "ingênuo"), o homem do ressentimento não é franco, nem ingênuo, nem honesto e reto consigo. Sua alma *olha de través*; ele ama os refúgios, os subterfúgios, os caminhos ocultos, tudo escondido lhe agrada como seu mundo, sua segurança, seu bálsamo; ele entende do silêncio, do não-esquecimento, da espera, do momentâneo apequenamento e da humilhação própria. Uma raça de tais homens do ressentimento resultará necessariamente mais inteligente[17] que qualquer raça nobre, e venerará a inteligência numa medida muito maior: a saber, como uma condição de existência de primeira ordem, enquanto para os homens nobres ela facilmente adquire um gosto sutil de luxo e refinamento — pois neles ela está longe de ser tão essencial quanto a completa certeza de funcionamento dos instintos reguladores *inconscientes*, ou mesmo uma certa imprudência, como a valente precipitação, seja ao perigo, seja ao inimigo, ou aquela exaltada impulsividade na cólera, no amor, na veneração, gratidão, vingança, na qual se têm reconhecido os homens nobres de todos os tempos. Mesmo o ressentimento do homem nobre, quando nele aparece, se consome e se exaure numa reação imediata, por isso não *envenena*: por outro lado, nem sequer aparece, em inúmeros casos em que é inevitável nos impotentes e fracos. Não conseguir levar a sério por muito tempo seus inimigos, suas desventuras, seus *malfeitos* inclusive — eis o indício de naturezas fortes e plenas, em que há um excesso de força plástica, modeladora, regeneradora, propiciadora do esquecimento (no mundo moderno, um bom exemplo é Mirabeau,[18] que não tinha memória para os insultos e baixezas que sofria, e que não podia desculpar, simplesmente porque — esquecia). Um homem tal sacode de si, com *um* movimento, muitos vermes que em outros se enterrariam; apenas neste caso é possível, se for possível em absoluto, o autêntico "amor aos inimigos".[19] Quanta reverência aos inimigos não tem um homem nobre! — e tal reverência é já uma ponte para o amor... Ele reclama para si seu inimigo como uma distinção, ele não suporta inimigo que não aquele no qual nada existe a desprezar, e *muito* a venerar! Em contrapartida, imaginemos "o inimigo" tal como o concebe o homem do ressentimento — e precisamente nisso está seu feito, sua criação: ele concebeu "o inimigo mau", "o mau", e isto como conceito básico, a partir do qual também elabora, como imagem equivalente, um "bom" — ele mesmo!...

11. Precisamente o oposto do que sucede com o nobre, que primeiro e espontaneamente, de dentro de si, concebe a noção básica de "bom", e a partir dela cria para si uma representação de "ruim". Este "ruim" de origem nobre e aquele "mau" que vem do caldeirão do ódio insatisfeito — o primeiro uma criação posterior, secundária, cor complementar; o segundo, o original, o começo, o autêntico *feito* na concepção de uma moral escrava — como são diferentes as palavras "mau" e "ruim", ambas aparentemente opostas ao mesmo sentido de "bom": perguntemo-nos *quem* é propriamente "mau", no sentido da moral do ressentimento. A resposta, com todo o rigor: *precisamente* o "bom" da outra moral, o nobre, o poderoso, o dominador, apenas pintado de outra cor, interpretado e visto de outro modo pelo olho de veneno do ressentimento. Aqui jamais negaríamos o seguinte: quem conhecesse aqueles "bons" apenas como inimigos, não conheceria senão *inimigos maus*, e os mesmos homens tão severamente contidos pelo costume, o respeito, os usos, a gratidão, mais ainda pela vigilância mútua, pelo ciúme *inter pares* [entre iguais], que por outro lado se mostram tão pródigos em consideração, autocontrole, delicadeza, lealdade, orgulho e amizade, nas relações entre si — para fora, ali onde começa o que é estranho, o *estrangeiro*, eles não são melhores que animais de rapina deixados à solta. Ali desfrutam a liberdade de toda coerção social, na selva se recobram da tensão trazida por um longo cerceamento e confinamento na paz da comunidade, *retornam* à inocente consciência dos animais de rapina, como jubilosos monstros que deixam atrás de si, com ânimo elevado e equilíbrio interior, uma sucessão horrenda de assassínios, incêndios, violações e torturas, como se tudo não passasse de brincadeira de estudantes, convencidos de que mais uma vez os poetas muito terão para cantar e louvar. Na raiz de todas as raças nobres é difícil não reconhecer o animal de rapina, a magnífica *besta loura* que vagueia ávida de espólios e vitórias; de quando em quando este cerne oculto necessita desafogo, o animal tem que sair fora, tem que voltar à selva — nobreza romana, árabe, germânica, japonesa, heróis homéricos, vikings escandinavos: nesta necessidade todos se assemelham. Foram as raças nobres que deixaram na sua esteira a noção de "bárbaro", em toda parte aonde foram; mesmo em sua cultura mais elevada se revela consciência e até mesmo orgulho disso (como quando Péricles diz a seus atenienses, naquela famosa oração fúnebre, que "em toda terra e em todo mar a nossa audácia abriu caminho, erguendo para si monumentos imperecíveis no bem *e no mal*").[20] Esta "audácia" das raças nobres, a maneira louca, absurda, repentina como se manifesta, o elemento incalculável, improvável, de suas empresas — Péricles destaca elogiosamente a *ῥαθυμία* [despreocupação] dos atenienses —, sua indiferença e seu desprezo por segurança, corpo, vida, bem-estar, sua terrível jovialidade e intensidade do prazer no destruir, nas volúpias da vitória e da crueldade — para aqueles que sofriam com isso, tudo se juntava na imagem do "bárbaro", do "inimigo mau", como o "godo", o "vândalo". A profunda, gélida desconfiança que o alemão desperta quando alcança o poder, agora novamente — é uma ressonância daquele horror inextinguível com que durante séculos a Europa contemplou a fúria da besta loura germânica (embora mal exista uma relação conceitual, menos ainda sanguínea, entre os antigos germanos e nós, alemães). Certa vez chamei a atenção para o embaraço de Hesíodo,[21] quando imaginou a sucessão das eras de cultura e buscou expressá-la em termos de Ouro, Prata e Bronze: com a contradição que lhe oferecia o mundo de Homero, esplêndido, mas também terrível e violento, ele não soube lidar senão dividindo uma era em duas, e tornando-as sucessivas — primeiro a idade dos heróis e semideuses de Troia e Tebas, tal como aquele mundo ficara na lembrança das linhagens nobres que nele tinham seus antepassados; depois a idade de bronze, como aquele mesmo mundo se mostrava aos descendentes dos pisoteados, roubados, maltratados, arrastados, vendidos: uma era de bronze, como disse, dura, fria, cruel, sem consciência ou sentimento, a tudo esmagando e cobrindo de sangue. Supondo que fosse verdadeiro o que agora se crê como "verdade", ou seja, que o *sentido de toda cultura* é amestrar o animal de rapina "homem", reduzi-lo a um animal manso e civilizado, *doméstico*, então deveríamos sem dúvida tomar aqueles instintos de reação e ressentimento, com cujo auxílio foram finalmente liquidadas e vencidas as estirpes nobres e os seus ideais, como os autênticos *instrumentos da cultura*; com o que, no entanto, não se estaria dizendo que os seus *portadores* representem eles mesmos a cultura. O contrário é que seria não apenas provável — não! atualmente é *palpável*! Os portadores dos instintos depressores e sedentos de desforra, os descendentes de toda escravatura europeia e não europeia, de toda população pré-ariana especialmente — eles representam o *retrocesso* da humanidade! Esses "instrumentos da cultura" são uma vergonha para o homem, e na verdade uma acusação, um argumento contrário à "cultura"! Pode-se ter completa razão, ao guardar temor e se manter em guarda contra a besta loura que há no fundo de toda raça nobre: mas quem não preferiria mil vezes temer, podendo ao mesmo tempo admirar, a *não* temer, mas não mais poder se livrar da visão asquerosa dos malogrados, atrofiados, amargurados, envenenados? E não é este o *nosso* destino? O que constitui hoje nossa aversão ao "homem"? — pois nós *sofremos* do homem, não há dúvida. — *Não* o temor; mas sim que não tenhamos mais o que temer no homem; que o verme "homem" ocupe o primeiro plano e se multiplique; que o "homem manso", o incuravelmente medíocre e insosso, já tenha aprendido a se perceber como apogeu e meta — que tenha mesmo um certo direito a assim sentir, na medida em que se perceba à distância do sem-número de malogrados, doentios, exaustos, consumidos, de que hoje a Europa começa a feder, portanto como algo ao menos relativamente logrado, ao menos capaz de vida, ao menos afirmador de vida...

12. — Neste ponto não posso suprimir um suspiro e uma última esperança. Que coisa é para mim completamente intolerável? Aquilo com que não posso, que me faz enlanguescer e definhar? O ar ruim! O ar ruim! O fato de que uma coisa malograda se aproxime; que eu tenha de cheirar as entranhas de uma alma malograda!... O que não suportamos normalmente de miséria, privação, mau tempo, enfermidade, fadiga, solidão? No fundo podemos com todo o resto, nascidos que somos para uma existência subterrânea e combativa; sempre voltamos mais uma vez à luz, sempre vivemos mais uma vez a nossa hora áurea da vitória — e então aí estamos, como nascemos, inquebrantáveis, tensos, prontos para algo novo, ainda mais difícil, mais distante, como um arco que a miséria torna ainda mais teso. — Mas de quando em quando me concedam — supondo que existam protetoras celestes, além do bem e do mal — uma visão, concedam-me apenas *uma* visão, de algo perfeito, inteiramente logrado, feliz, potente, triunfante, no qual ainda haja o que temer! De um homem que justifique o homem, de um acaso feliz do homem, complementar e redentor, em virtude do qual possamos manter *a fé no homem*!... Pois assim é: o apequenamento e nivelamento do homem europeu encerra nosso grande perigo, pois *esta* visão cansa... Hoje nada vemos que queira tornar-se maior, pressentimos que tudo desce, descende, torna-se mais ralo, mais plácido, prudente, manso, indiferente, medíocre, chinês, cristão — não há dúvida, o homem se torna cada vez "melhor"... E precisamente nisso está o destino fatal da Europa — junto com o temor do homem, perdemos também o amor a ele, a reverência[22] por ele, a esperança em torno dele, e mesmo a vontade de que exista ele. A visão do homem agora cansa — o que é hoje o niilismo, se não *isto*?... Estamos *cansados* do homem...

13. — Mas voltemos atrás: o problema da *outra* origem do "bom", do bom como concebido pelo homem do ressentimento, exige sua conclusão. — Que as ovelhas tenham rancor às grandes aves de rapina não surpreende: mas não é motivo para censurar às aves de rapina o fato de pegarem as ovelhinhas. E se as ovelhas dizem entre si: "essas aves de rapina são más; e quem for o menos possível ave de rapina, e sim o seu oposto, ovelha — este não deveria ser bom?", não há o que objetar a esse modo de erigir um ideal, exceto talvez que as aves de rapina assistirão a isso com ar zombeteiro, e dirão para si mesmas: "*nós* nada temos contra essas boas ovelhas, pelo contrário, nós as amamos: nada mais delicioso do que uma tenra ovelhinha". — Exigir da força que *não* se expresse como força, que *não* seja um querer-dominar, um querer-vencer, um querer-subjugar, uma sede de inimigos, resistências e triunfos, é tão absurdo quanto exigir da fraqueza que se expresse como força. Um *quantum* de força equivale a um mesmo *quantum* de impulso,[23] vontade, atividade — melhor, nada mais é senão este mesmo impulso, este mesmo querer e atuar, e apenas sob a sedução da linguagem (e dos erros fundamentais da razão que nela se petrificaram), a qual entende ou mal-entende que todo atuar é determinado por um atuante, um "sujeito", é que pode parecer diferente. Pois assim como o povo distingue o corisco do clarão, tomando este como *ação*, operação de um sujeito de nome corisco, do mesmo modo a moral do povo discrimina entre a força e as expressões da força, como se por trás do forte houvesse um substrato indiferente que *fosse livre* para expressar ou não a força. Mas não existe um tal substrato; não existe "ser" por trás do fazer, do atuar, do devir; "o agente" é uma ficção acrescentada à ação — a ação é tudo.[24] O povo duplica a ação, na verdade; quando vê o corisco relampejar, isto é a ação da ação: põe o mesmo acontecimento como causa e depois como seu efeito. Os cientistas não fazem outra coisa quando dizem que "a força movimenta, a força origina", e assim por diante — toda a nossa ciência se encontra sob a sedução da linguagem, não obstante seu sangue-frio, sua indiferença aos afetos, e ainda se livrou dos falsos filhos[25] que lhe empurraram, os "sujeitos" (o átomo, por exemplo, é uma dessas falsas crias, e também a "coisa em si" kantiana): não é de espantar que os afetos entranhados que ardem ocultos, ódio e vingança, tirem proveito dessa crença, e no fundo não sustentem com fervor maior outra crença senão a de que o forte é *livre* para ser fraco, e a ave de rapina livre para ser ovelha — assim adquirem o direito de *imputar* à ave de rapina o fato de ser o que é... Se os oprimidos, pisoteados, ultrajados exortam uns aos outros, dizendo, com a vingativa astúcia da impotência: "sejamos outra coisa que não os maus, sejamos bons! E bom é todo aquele que não ultraja, que a ninguém fere, que não ataca, que não acerta contas, que remete a Deus a vingança, que se mantém na sombra como nós, que foge de toda maldade e exige pouco da vida, como nós, os pacientes, humildes, justos" — isto não significa, ouvido friamente e sem prevenção, nada mais que: "nós, fracos, somos realmente fracos; convém que não façamos nada *para o qual não somos fortes o bastante*"; mas esta seca constatação, esta prudência primaríssima, que até os insetos possuem (os quais se fazem de mortos para não agir "demais", em caso de grande perigo), graças ao falseamento e à mentira para si mesmo, próprios da impotência, tomou a roupagem pomposa da virtude que cala, renuncia, espera, como se a fraqueza mesma dos fracos — isto é, seu *ser*, sua atividade, toda a sua inevitável, irremovível realidade — fosse um empreendimento voluntário, algo desejado, escolhido, um *feito*, um *mérito*. Por um instinto de autoconservação, de autoafirmação, no qual cada mentira costuma purificar-se, essa espécie de homem *necessita* crer no "sujeito" indiferente e livre para escolher. O sujeito (ou, falando de modo mais popular, a *alma*) foi até o momento o mais sólido artigo de fé sobre a terra, talvez por haver possibilitado à grande maioria dos mortais, aos fracos e oprimidos de toda espécie, enganar a si mesmos com a sublime falácia de interpretar a fraqueza como liberdade, e o seu ser-assim como *mérito*.

14. — Alguém quer descer o olhar sobre o segredo de como se *fabricam ideais* na terra? Quem tem a coragem para isso?... Muito bem! Aqui se abre a vista a essa negra oficina. Espere ainda um instante, senhor Curioso e Temerário: seu olho deve primeiro se acostumar a essa luz falsa e cambiante... Certo! Basta! Fale agora! Que sucede ali embaixo? Diga o que vê, homem da curiosidade perigosa — agora sou *eu* quem escuta. —

— "Eu nada vejo, mas por isso ouço muito bem. É um cochichar e sussurrar cauteloso, sonso, manso, vindo de todos os cantos e quinas. Parece-me que mentem; uma suavidade visguenta escorre de cada som. A fraqueza é mentirosamente mudada em *mérito*, não há dúvida — é como você disse" —

— Prossiga!

— "e a impotência que não acerta contas é mudada em 'bondade'; a baixeza medrosa, em 'humildade'; a submissão àqueles que se odeia em 'obediência' (há alguém que dizem impor esta submissão — chamam-no Deus). O que há de inofensivo no fraco, a própria covardia na qual é pródigo, seu aguardar-na-porta, seu inevitável ter-de-esperar, recebe aqui o bom nome de 'paciência', chama-se também *a* virtude; o não-poder-vingar-se chama-se não-querer-vingar-se, talvez mesmo perdão ('pois *eles* não sabem o que fazem[26] — somente nós sabemos o que *eles* fazem!'). Falam também do 'amor aos inimigos' — e suam ao falar disso."

— Prossiga!

— "São miseráveis, não há dúvida, esses falsificadores e cochichadores dos cantos, embora se mantenham aquecidos agachando-se apertados — mas eles me dizem que sua miséria é uma eleição e distinção por parte de Deus, que batemos nos cães que mais amamos; talvez essa miséria seja uma preparação, uma prova, um treino, talvez ainda mais — algo que um dia será recompensado e pago com juros enormes, em ouro, não! em felicidade. A isto chamam de 'bem-aventurança', 'beatitude'."

— Prossiga!

— "Agora me dão a entender que não apenas são melhores que os poderosos, os senhores da terra cujo escarro têm de lamber (*não* por temor, de modo algum por temor! e sim porque Deus ordena que seja honrada a autoridade)[27] — que não apenas são melhores, mas também 'estão melhores', ou de qualquer modo estarão um dia. Mas basta, basta! Não aguento mais. O ar ruim! O ar ruim! Esta oficina onde se *fabricam* ideais — minha impressão é de que está fedendo de tanta mentira!"

— Não! Um momento! Você ainda não falou no golpe de mestre desses nigromantes, que produzem leite, brancura e inocência de todo negror — não percebeu a consumada perfeição do seu refinamento, a sua mais ousada, sutil, engenhosa e mendaz estratégia de artista? Preste atenção! Esses animais cheios de ódio e vingança — que fazem justamente do ódio e da vingança? Você ouviu essas palavras? Você suspeitaria, ouvindo apenas as suas palavras, que se encontra entre homens do ressentimento?...

— "Compreendo; vou abrir mais uma vez os ouvidos (ah! e

fechar o nariz). Somente agora escuto o que eles tanto diziam: 'Nós, bons — *nós somos os justos*' — o que eles pretendem não chamam acerto de contas, mas 'triunfo da *justiça*'; o que eles odeiam não é o seu inimigo, não! eles odeiam a '*injustiça*', a 'falta de Deus';[28] o que eles creem e esperam não é a esperança de vingança, a doce embriaguez da vingança (— 'mais doce que mel', já dizia Homero), mas a vitória de Deus, do deus *justo* sobre os ateus; o que lhes resta para amar na terra não são os seus irmãos no ódio, mas seus 'irmãos no amor', como dizem, todos os bons e justos da terra."

— E como chamam aquilo que lhes serve de consolo por todo o sofrimento da vida? — sua fantasmagoria da bem-aventurança futura antecipada?

— "Quê? Estou ouvindo bem? A isto chamam de 'Juízo Final', o advento do *seu* reino, do 'Reino de Deus' — mas *por enquanto* vivem 'na fé', 'no amor', 'na esperança'."

— Basta! Basta!

15. Fé em quê? Amor a quê? Esperança de quê? — Esses fracos — também eles desejam ser os fortes algum dia, não há dúvida, também o seu "reino" deverá vir algum dia — chamam-no simplesmente "o Reino de Deus", como vimos: são mesmo tão humildes em tudo! Para vivenciar *isto* é preciso viver uma vida longa, que ultrapasse a morte — é preciso a vida eterna para ser eternamente recompensado no "Reino de Deus" por essa existência terrena "no amor, na fé, na esperança". Recompensado pelo quê? E como?... Parece-me que Dante se enganou grosseiramente, quando, com apavorante ingenuidade, colocou sobre a porta do seu inferno a inscrição "também a mim criou o eterno amor"[29] — em todo caso, seria mais justificado se na entrada do paraíso cristão e sua "beatitude eterna" estivesse a inscrição "também a mim criou o eterno *ódio*" — supondo que uma verdade pudesse ficar sobre a porta que leva a uma mentira! Pois *o que é* a beatitude desse paraíso?... Talvez já pudéssemos adivinhar; mas é melhor o testemunho de alguém cuja autoridade na matéria não se pode subestimar: Tomás de

Aquino, o grande mestre e santo. "*Beati in regno coelesti*", diz ele, suave como um cordeiro, "*videbunt poenas damnatorum, ut beatitudo illis magis complaceat*" [Os abençoados no reino dos céus verão as penas dos danados, para que sua beatitude lhes dê maior satisfação]. Ou, querendo-se ouvir o mesmo num tom mais forte, da boca de um triunfante Pai da Igreja,[30] por exemplo, desaconselhando aos seus cristãos as volúpias cruéis dos espetáculos públicos — mas por quê? "Pois a fé nos oferece muito mais" — diz ele, *De spectaculis*, cap. 29 ss. [cap. 30, na verdade] — "coisas *muito mais fortes;* graças à Redenção, dispomos de alegrias bem diversas; em lugar dos atletas temos nossos mártires; se queremos sangue, ora, temos o sangue de Cristo... mas que coisas nos esperam no dia do seu retorno, do seu Triunfo!" — e ele continua, o visionário extasiado:

> *At enim supersunt alia spectacula, ille ultimus et perpetuus judicii dies, ille nationibus insperatus, ille derisus, cum tanta saeculi vetustas et tot ejus nativitates uno igne haurientur. Quae tunc spectaculi latitudo! Quid admirer! Quid rideam! Ubi gaudeam! Ubi exultem, spectans tot et tantos reges, qui in coelum recepti nuntiabantur, cum ipso Jove et ipsis suis testibus in imis tenebris congemescentes! Item praesides* (os governadores das províncias) *persecutores dominici nominis saevioribus quam ipsi flammis saevirunt insultantibus contra Christianos liquescentes! Quos praeterea sapientes illos philosophos coram discipulis suis una conflagrantibus erubescentes, quibus nihil ad deum pertinere suadebant, quibus animas aut nullas aut non in pristina corpora redituras affirmabant! Etiam poëtas non ad Rhadamanti nec ad Minois, sed ad inopnati Christi tribunal palpitantes! Tunc magis tragoedi audiendi, magis scilicet vocales* (melhor a voz, maiores os gritos) *in sua propria calamitate; tunc histriones cognoscendi, solutiores multo per ignem; tunc spectandus auriga in flammea rota totus rubens, tunc xystici contemplandi non in gymnasiis, sed in igne jaculati, nisi quod ne tunc quidem illos velim vivos, ut quid malim ad eos potius conspectum insatiabilem conferre, qui in dominum desaevierunt. "Hic est ille", dicam*

"*fabri aut quaestuariae filius*" (o que segue, e em especial esta designação para a mãe de Jesus, conhecida do Talmud, mostra que a partir daqui Tertuliano se refere aos judeus) "*sabbati destructor, Samarites et daemonium habens. Hic est, quem a Juda redemistis, hic est ille arundine et colaphis diverberatus, sputamentis dedecoratus, felle et aceto potatus. Hic est, quem clam discentes subripuerunt, ut resurrexisse dicatur vel hortulanus detraxit, ne lactucae suae frequentia commeantium laederantur.*" *Ut talia spectes, ut talibus exultes, quis tibi praetor aut consul aut quaestor aut sacerdos de sua liberalitate praestabit? Et tamen haec jam habemus quodammodo per fidem spiritu imaginante repraesentata. Ceterum qualia illa sunt, quae nec oculus vidit nec auris audivit nec in cor hominis ascederunt?* (1 *Cor.* 2,9) *Credo circo et utraque cavea* (primeira e quarta fila, ou, segundo outros, teatro cômico e trágico) *et omni stadio gratiora. — Per fidem:* assim está escrito.[31]

[Mas restam outros espetáculos, aquele último e perpétuo dia do juízo, aquele dia não esperado pelos povos, dia escarnecido, quando tamanha antiguidade do mundo e tantas gerações serão consumidas num só fogo. Quão vasto será então o espetáculo! Como admirarei! Como rirei! Lá me alegrarei! Lá exultarei, vendo tantos e tão grandes reis, de quem se dizia estarem no céu, gemendo nas mais fundas trevas, junto ao próprio Júpiter e suas testemunhas. Do mesmo modo os líderes (os governadores das províncias), perseguidores do nome do Senhor, derretendo-se em chamas mais cruéis do que aquelas com que eles maltrataram os cristãos! E também aqueles sábios filósofos, que diante dos seus discípulos tornam-se rubros ao se consumirem no fogo, juntamente com eles, a quem persuadiam que nada pertence a Deus, a quem asseguravam que as almas ou não existem ou não retornarão aos corpos antigos! Os poetas também, a tremer, não diante do tribunal de Radamanto ou de Minos,[32] mas daquele do Cristo inesperado! Então se escutará melhor os trágicos, a saber, melhor serão ouvidas as suas vozes (melhor a voz, maiores os gritos) em sua própria desgraça; então serão conhecidos os histriões, mais dissolutos [tradução alternativa: mais desenvoltos] no fogo, então se verá o auriga, todo rubro no carro flamejante, então se contemplarão os atletas, não no ginásio, mas no fogo lançando seus dardos, a não ser que eu nem queira esses espetáculos [lendo *visos*, a forma correta, como notou Maurice de Gandillac, e não *vivos*, como está na transcrição de Nietzsche], e antes prefira dirigir um olhar insaciável àqueles que maltrataram o Senhor: "Eis", direi, "o filho do artesão e da prostituta (o que segue, e em especial esta designação para a mãe de Jesus, conhecida do Talmud, mostra que a partir daqui Tertuliano se refere aos judeus), o destruidor do Sábado, o Samaritano, o que tem o demônio. Eis aquele que comprastes de Judas, eis aquele que foi golpeado com a vara e com bofetadas, que foi humilhado com escarros, a quem foi dado de beber fel e vinagre. Eis aquele que os discípulos roubaram às escondidas, para que se dissesse que havia ressuscitado, ou aquele a quem o hortelão arrastou, para que suas alfaces não fossem machucadas pelo grande número de passantes". Tais visões, tais alegrias, que pretor, ou cônsul, ou questor, ou sacerdote, te poderia oferecê-las, da sua própria generosidade? E no entanto, de certo modo já as possuímos mediante a fé, representadas no espírito que imagina. De resto, como são aquelas coisas que nem o olho viu, nem o ouvido ouviu, nem subiram ao coração do homem? (1 *Cor.* 2,9) Creio que são mais agradáveis que o circo, que ambos os teatros, e todos os estádios.]

16. Vamos concluir. Os dois valores *contrapostos*, "bom e ruim", "bom e mau", travaram na terra uma luta terrível, milenar; e embora o segundo valor há muito predomine, ainda agora não faltam lugares em que a luta não foi decidida. Inclusive se poderia dizer que desde então ela foi levada incessantemente para o alto, com isto se aprofundando e se espiritualizando sempre mais: de modo que hoje não há talvez sinal mais decisivo de uma "*natureza elevada*", de uma natureza espiritual, do que estar dividida neste sentido e ser um verdadeiro campo de batalha para esses dois opostos. O dístico dessa luta, escrito em caracteres legíveis através de toda a história humana, é "Roma contra Judeia, Judeia contra Roma": — não houve, até agora, acontecimento maior do que *essa luta*, *essa* questão, *essa* oposição moral. Roma enxergou no judeu algo como a própria antinatureza, como que seu monstro antípoda; em Roma os judeus eram tidos por "*culpados* de ódio a todo o gênero humano":[33] com razão, na medida em que se tenha razão ao vincular a salvação e o futuro do gênero humano ao primado absoluto dos valores aristocráticos, dos valores romanos. Quanto aos judeus, o que sentiam ante os romanos? Percebe-se por mil indícios; mas basta trazer à lembrança o Apocalipse de João, a mais selvagem das invectivas que a vingança tem na consciência. (Não se subestime, aliás, a profunda coerência do instinto cristão, quando associou precisamente esse livro do ódio ao nome do apóstolo do amor, o mesmo ao qual atribuiu aquele evangelho amoroso-altruísta —: há alguma verdade nisso, não obstante o muito de falsificação literária requerido para esse fim.) Pois os romanos eram os fortes e nobres, como jamais existiram mais fortes e nobres, e nem foram sonhados sequer: cada vestígio, cada inscrição deles encanta, se apenas se percebe *o que* escreve aquilo. Os judeus, ao contrário, foram o povo sacerdotal do ressentimento *par excellence*, possuído de um gênio moral-popular absolutamente sem igual: basta comparar os judeus com outros povos similarmente dotados, como os chineses ou os alemães, para sentir o que é de primeira e o que é de quinta ordem. Quem *venceu* temporariamente, Roma ou a Judeia? Mas não pode haver dúvida: considere-se diante de quem os homens se inclinam atualmente na própria Roma, como a quintessência dos mais altos valores — não só em Roma, mas em quase metade do mundo, em toda parte onde o homem foi ou quer ser domado —, diante de três *judeus*, como todos sabem, e de *uma judia* (Jesus de Nazaré, o pescador Pedro, o tapeceiro Paulo e a mãe do dito Jesus, de nome Maria). Isto é muito curioso: Roma sucumbiu, não há sombra de dúvida. É certo que na Renascença houve um esplêndido e inquietante redespertar do ideal clássico, do modo nobre de valoração das coisas: Roma se agitou como um morto aparente que é despertado, sob o peso da nova Roma judaizada sobre ela construída, que oferecia o aspecto de uma sinagoga ecumênica e se chamava "Igreja": mas logo triunfou de novo a Judeia, graças àquele movimento de ressentimento radicalmente plebeu (alemão ou inglês) a que chamam de Reforma, juntamente com o que dele tinha de resultar, a restauração da Igreja — a restauração também da velha paz sepulcral da Roma clássica. Em um sentido até mais profundo e decisivo, a Judeia conquistou com a Revolução Francesa mais uma vitória sobre o ideal clássico: a última nobreza política que havia na Europa, a da França dos séculos XVII e XVIII, pereceu sob os instintos populares do ressentimento — nunca se ouviu na terra júbilo maior, nem entusiasmo mais estridente! É verdade que em meio a tudo isso aconteceu o mais prodigioso, o mais inesperado: o antigo ideal mesmo apareceu *em carne e osso*, e com esplendor inusitado, ante os olhos e a consciência da humanidade — mais uma vez, em face da velha senha mentirosa do ressentimento, a do *privilégio da maioria*, diante da vontade de rebaixamento, de aviltamento, de nivelamento, de atraso e ocaso do homem, ecoou, forte, simples e insistente como nunca, a terrível e fascinante contrassenha do *privilégio dos raros*! Como uma última indicação do *outro* caminho surgiu Napoleão, o mais único e mais tardio dos homens, e com ele o problema encarnado *do ideal nobre enquanto tal* — considere-se que problema é este: Napoleão, esta síntese de *inumano* e *sobre-humano*...[34]

17. — Então acabou? O maior entre os conflitos de ideais foi então relegado *ad acta* [aos arquivos] por todos os tempos? Ou apenas adiado, indefinidamente adiado?... Não deveria o antigo fogo se reacender algum dia, ainda mais terrível, após um período ainda mais longo de preparação? Mais: não seria isto algo a se esperar? mesmo a se querer? a se promover?... Quem neste ponto começa a refletir, a reconsiderar, como meus leitores, tão cedo não chegará ao fim — razão para que eu mesmo chegue ao fim, supondo que há muito tenha ficado claro o que *pretendo*, o que desejo com a perigosa senha inscrita na fronte do meu último livro: "*Além do bem e do mal*"... Ao menos isto *não* significa "Além do bom e do ruim".[35]

Nota: Aproveito a oportunidade que me oferece esta dissertação para expressar pública e formalmente um desejo, desejo que até o momento revelei apenas em conversas ocasionais com estudiosos: que alguma faculdade de filosofia tome para si o mérito de promover os estudos *histórico-morais*, instituindo uma série de prêmios acadêmicos — talvez este livro possa dar um impulso vigoroso nesta direção. Tendo em vista tal possibilidade, propõe-se a questão seguinte; ela merece a atenção dos filólogos e historiadores, tanto quanto a dos profissionais da filosofia.

"*Que indicações fornece a ciência da linguagem, em especial a pesquisa etimológica, para a história da evolução dos conceitos morais?*"

— É igualmente necessário, por outro lado, fazer com que fisiólogos e médicos se interessem por este problema (o do *valor* das valorações até agora existentes): no que pode ser deixado aos filósofos de ofício representarem os porta-vozes e mediadores também neste caso particular, após terem conseguido transformar a relação entre filosofia, fisiologia e medicina, originalmente tão seca e desconfiada, num intercâmbio dos mais amistosos e frutíferos. De fato, toda tábua de valor, todo "tu deves" conhecido na história ou na pesquisa etnológica, necessita primeiro uma clarificação e interpretação *fisiológica*, ainda mais que psicológica; e cada uma delas aguarda uma crítica por parte da ciência médica. A questão: que vale esta ou aquela tábua de valores, esta ou aquela "moral"? deve ser colocada das mais diversas perspectivas; pois "vale *para quê*?" jamais pode ser analisado de maneira suficientemente sutil. Algo, por exemplo, que tivesse valor evidente com relação à maior capacidade de duração possível de uma raça (ou ao acréscimo do seu poder de adaptação a um determinado clima, ou à conservação do maior número) não teria em absoluto o mesmo valor, caso se tratasse, digamos, de formar um tipo de homem mais forte. O bem da maioria e o bem dos raros são considerações de valor opostas: tomar o primeiro como de valor mais elevado *em si*, eis algo que deixamos para a ingenuidade dos biólogos ingleses... *Todas* as ciências devem doravante preparar o caminho para a tarefa futura do filósofo, sendo esta tarefa assim compreendida: o filósofo deve resolver o *problema do valor*, deve determinar a *hierarquia dos valores*.

Segunda dissertação
"CULPA", "MÁ CONSCIÊNCIA" E COISAS AFINS

1. Criar um animal que pode *fazer promessas* — não é esta a tarefa paradoxal que a natureza se impôs, com relação ao homem? Não é este o verdadeiro problema *do* homem?... O fato de que este problema esteja em grande parte resolvido deve parecer ainda mais notável para quem sabe apreciar plenamente a força que atua de modo contrário, a do *esquecimento*. Esquecer não é uma simples *vis inertiae* [força inercial], como creem os superficiais, mas uma força inibidora ativa, positiva no mais rigoroso sentido, graças à qual o que é por nós experimentado, vivenciado, em nós acolhido, não penetra mais em nossa consciência, no estado de digestão (ao qual poderíamos chamar "assimilação psíquica"),[36] do que todo o multiforme processo da nossa nutrição corporal ou "assimilação física". Fechar temporariamente as portas e janelas da consciência; permanecer imperturbado pelo barulho e a luta do nosso submundo de órgãos serviçais a cooperar e divergir; um pouco de sossego, um pouco de *tabula rasa* da consciência, para que novamente haja lugar para o novo, sobretudo para as funções e os funcionários mais nobres, para o reger, prever, predeterminar (pois nosso organismo é disposto hierarquicamente) — eis a utilidade do esquecimento, ativo, como disse, espécie de guardião da porta, de zelador da ordem psíquica, da paz, da etiqueta: com o que logo se vê que não poderia haver felicidade, jovialidade, esperança, orgulho, *presente*, sem o esquecimento. O homem no qual esse aparelho inibidor é danificado e deixa de funcionar pode ser comparado (e não só comparado) a um dispéptico — de nada consegue "dar conta"... Precisamente esse animal que necessita esquecer, no qual o esquecer é uma força, uma forma de saúde *forte*, desenvolveu em si uma faculdade oposta, uma memória, com cujo auxílio o esquecimento é suspenso em determinados casos — nos casos em que se deve prometer: não sendo um simples não-mais-poder-livrar-se da impressão uma vez recebida, não a simples indigestão da palavra uma vez empenhada, da qual não conseguimos dar conta, mas sim um ativo não-mais-*querer*-livrar-se, um prosseguir-querendo o já querido, uma verdadeira *memória da vontade*: de modo que entre o primitivo "quero", "farei", e a verdadeira descarga da vontade, seu *ato*, todo um mundo de novas e estranhas coisas, circunstâncias, mesmo atos de vontade, pode ser resolutamente interposto, sem que assim se rompa esta longa cadeia do querer. Mas quanta coisa isto não pressupõe! Para poder dispor de tal modo do futuro, o quanto não precisou o homem aprender a distinguir o acontecimento casual do necessário, a pensar de maneira causal, a ver e antecipar a coisa distante como sendo presente, a estabelecer com segurança o fim e os meios para o fim, a calcular, contar, confiar — para isso, quanto não precisou antes tornar-se ele próprio *confiável*, *constante*, *necessário*, também para si, na sua própria representação, para poder enfim, como faz quem promete, responder por si *como porvir*!

2. Esta é a longa história da origem da *responsabilidade*. A tarefa de criar um animal capaz de fazer promessas, já percebemos, traz consigo, como condição e preparação, a tarefa mais imediata de tornar o homem até certo ponto necessário, uniforme, igual entre iguais, constante, e portanto confiável. O imenso trabalho daquilo que denominei "moralidade do costume" (cf. *Aurora*, § 9, 14, 16)[37] — o autêntico trabalho do homem em si próprio, durante o período mais longo da sua existência, todo esse trabalho *pré-histórico* encontra nisto seu sentido, sua justificação, não obstante o que nele também haja de tirania, dureza, estupidez e idiotismo: com ajuda da moralidade do costume e da camisa de força social, o homem foi realmente *tornado* confiável. Mas coloquemo-nos no fim do imenso processo, ali onde a árvore finalmente sazona seus frutos, onde a sociedade e sua moralidade do costume finalmente trazem à luz aquilo para o qual eram apenas o meio: encontramos então, como o fruto mais maduro da sua árvore, o *indivíduo soberano*, igual apenas a si mesmo, novamente liberado da moralidade do costume, indivíduo autônomo supramoral (pois "autônomo" e "moral" se excluem), em suma, o homem da vontade própria, duradoura e independente, o que pode *fazer promessas* — e nele encontramos, vibrante em cada músculo, uma orgulhosa consciência *do que* foi finalmente alcançado e está nele encarnado, uma verdadeira consciência de poder e liberdade, um sentimento de realização. Este liberto ao qual é *permitido* prometer, este senhor do *livre-arbítrio*, este soberano — como não saberia ele da superioridade que assim possui sobre todos os que não podem prometer e responder por si, quanta confiança, quanto temor, quanta reverência desperta — ele "*merece*" as três coisas — e como, com esse domínio sobre si, lhe é dado também o domínio sobre as circunstâncias, sobre a natureza e todas as criaturas menos seguras e mais pobres de vontade? O homem "livre", o possuidor de uma duradoura e inquebrantável vontade, tem nesta posse a sua *medida de valor*: olhando para os outros a partir de si, ele honra ou despreza; e tão necessariamente quanto honra os seus iguais, os fortes e confiáveis (os que *podem* prometer) — ou seja, todo aquele que promete como um soberano, de modo raro, com peso e lentidão, e que é avaro com sua confiança, que *distingue* quando confia, que dá sua palavra como algo seguro, porque sabe que é forte o bastante para mantê-la contra o que for adverso, mesmo "contra o destino" —: do mesmo modo ele reservará seu pontapé para os débeis doidivanas que prometem quando não podiam fazê-lo, e o seu chicote para o mentiroso que quebra a palavra já no instante em que a pronuncia. O orgulhoso conhecimento do privilégio extraordinário da *responsabilidade*, a consciência dessa rara liberdade, desse poder sobre si mesmo e o destino, desceu nele até sua mais íntima profundeza e tornou-se instinto, instinto dominante — como chamará ele a esse instinto dominante, supondo que necessite de uma palavra para ele? Mas não há dúvida: este homem soberano o chama de sua *consciência*...[38]

3. Sua consciência?... Já se percebe que o conceito de "consciência", com que deparamos aqui em sua manifestação mais alta, quase desconcertante, tem uma longa história e variedade de formas atrás de si. Poder responder por si, e com orgulho, ou seja, poder também *dizer Sim a si mesmo* — isto é, como disse, um fruto maduro, mas também um fruto *tardio*: quanto tempo teve esse fruto que pender da árvore, acre e amargo! E por um tempo ainda mais longo nada se podia ver desse fruto — ninguém podia prometê-lo, embora tudo na árvore estivesse preparado e crescesse justamente em vista dele! — "Como fazer no bicho-homem uma memória? Como gravar algo indelével nessa inteligência voltada para o instante, meio obtusa, meio leviana, nessa encarnação do esquecimento?"... Esse antiquíssimo problema, pode-se imaginar, não foi resolvido exatamente com meios e respostas suaves; talvez nada exista de mais terrível e inquietante na pré-história do homem do que a sua *mnemotécnica*. "Grava-se algo a fogo, para que fique na memória: apenas o que não cessa de *causar dor* fica na memória" — eis um axioma da mais antiga (e infelizmente mais duradoura) psicologia da terra. Pode-se mesmo dizer que em toda parte onde, na vida de um homem e de um povo, existem ainda solenidade, gravidade, segredo, cores sombrias, *persiste* algo do terror com que outrora se prometia, se empenhava a palavra, se jurava: é o passado, o mais distante, duro, profundo passado, que nos alcança e que reflui dentro de nós, quando nos tornamos "sérios". Jamais deixou de haver sangue, martírio e sacrifício, quando o homem sentiu a necessidade de criar em si uma memória; os mais horrendos sacrifícios e penhores (entre eles o sacrifício dos primogênitos), as mais repugnantes mutilações (as castrações, por exemplo), os mais cruéis rituais de todos os cultos religiosos (todas as religiões são, no seu nível mais profundo, sistemas de crueldades) — tudo isso tem origem naquele instinto que divisou na dor o mais poderoso auxiliar da mnemônica. Em determinado sentido isso inclui todo o ascetismo: algumas ideias devem se tornar indeléveis, onipresentes, inesquecíveis, "fixas", para que todo o sistema nervoso e intelectual seja hipnotizado por essas "ideias fixas" — e os procedimentos e modos de vida ascéticos são meios para livrar tais ideias da concorrência de todas as demais, para fazê-las "inesquecíveis". Quanto pior "de memória" a humanidade, tanto mais terrível o aspecto de seus costumes; em especial a dureza das leis penais nos dá uma medida do esforço que lhe custou vencer o esquecimento e manter *presentes*, nesses escravos momentâneos do afeto e da cobiça, algumas elementares exigências do convívio social. Nós, alemães, sem dúvida não nos consideramos um povo particularmente cruel e de coração duro, menos ainda um povo particularmente leviano e limitado ao instante; mas basta lançar os olhos a nossas antigas legislações penais para compreender o quanto custa nesse mundo criar um "povo de pensadores" (quer dizer, o povo da Europa no qual ainda hoje se pode achar o máximo de confiança, seriedade, falta de gosto e objetividade, e que com essas qualidades tem o direito de criar toda espécie de mandarins da Europa). Esses alemães souberam adquirir uma memória com os meios mais terríveis, para sujeitar seus instintos básicos plebeus e a brutal grosseria destes: pense-se nos velhos castigos alemães, como o apedrejamento (— a lenda já fazia cair a pedra do moinho sobre a cabeça do culpado), a roda (a mais característica invenção, a especialidade do gênio alemão no reino dos castigos!), o empalamento, o dilaceramento ou pisoteamento por cavalos (o "esquartejamento"), a fervura do criminoso em óleo ou vinho (ainda nos séculos XIV e XV), o popular esfolamento ("corte de tiras"), a excisão da carne do peito; e também a prática de cobrir o malfeitor de mel e deixá-lo às moscas, sob o sol ardente. Com ajuda de tais imagens e procedimentos, termina-se por reter na memória cinco ou seis "não quero", com relação aos quais se fez uma *promessa*, a fim de viver os benefícios da sociedade — e realmente! com a ajuda dessa espécie de memória chegou-se finalmente "à razão"! — Ah, a razão, a seriedade, o domínio sobre os afetos, toda essa coisa sombria que se chama reflexão, todos esses privilégios e adereços do homem: como foi alto o seu preço! Quanto sangue e quanto horror há no fundo de todas as "coisas boas"!...

4. Mas como veio ao mundo aquela outra "coisa sombria", a consciência da culpa, a "má consciência"? — Com isso voltamos aos nossos genealogistas da moral. Mais uma vez afirmo — ou será que ainda não disse? — eles não valem nada. Uma experiência própria muito estreita, "moderna"; nenhum conhecimento do passado, nenhuma vontade de conhecê-lo; tampouco instinto histórico, uma "segunda visão" necessária justamente nisso — e contudo se ocupar da história da moral: isto só pode conduzir a resultados cuja relação com a verdade é bem mais do que frágil. Esses genealogistas da moral teriam sequer sonhado, por exemplo, que o grande conceito moral de "culpa" teve origem no conceito muito material de "dívida"?[39] Ou que o castigo, sendo *reparação*, desenvolveu-se completamente à margem de qualquer suposição acerca da liberdade ou não-liberdade da vontade? — e isto ao ponto de se requerer primeiramente um *alto* grau de humanização, para que o animal "homem" comece a fazer aquelas distinções bem mais elementares, como "intencional", "negligente", "casual", "responsável" e seus opostos, e a levá-las em conta na atribuição do castigo. O pensamento agora tão óbvio, aparentemente tão natural e inevitável, que teve de servir de explicação para como surgiu na terra o sentimento de justiça, segundo o qual "o criminoso merece castigo *porque* podia ter agido de outro modo", é na verdade uma forma bastante tardia e mesmo refinada do julgamento e do raciocínio humanos; quem a desloca para o início, engana-se grosseiramente quanto à psicologia da humanidade antiga. Durante o mais largo período da história humana, *não* se castigou porque se responsabilizava o delinquente por seu ato, ou seja, *não* pelo pressuposto de que apenas o culpado devia ser castigado — e sim como ainda hoje os pais castigam seus filhos, por raiva devida a um dano sofrido, raiva que se desafoga em quem o causou; mas mantida em certos limites, e modificada pela ideia de que qualquer dano encontra seu *equivalente* e pode ser realmente compensado, mesmo que seja com a *dor* do seu causador. De onde retira sua força esta ideia antiquíssima, profundamente arraigada, agora talvez inerradicável, a ideia da equivalência entre dano e dor? Já revelei: na relação contratual entre *credor* e *devedor*, que é tão velha quanto a existência de "pessoas jurídicas", e que por sua vez remete às formas básicas de compra, venda, comércio, troca e tráfico.

5. Como seria de esperar após o que foi dito, imaginar tais relações contratuais desperta sem dúvida suspeita e aversão pela antiga humanidade, que as criou ou permitiu. Precisamente nelas fazem-se *promessas*; justamente nelas é preciso *construir* uma memória naquele que promete; nelas, podemos desconfiar, encontraremos um filão de coisas duras, cruéis, penosas. O devedor, para infundir confiança em sua promessa de restituição, para garantir a seriedade e a santidade de sua promessa, para reforçar na consciência a restituição como dever e obrigação, por meio de um contrato empenha ao credor, para o caso de não pagar, algo que ainda "possua", sobre o qual ainda tenha poder, como seu corpo, sua mulher, sua liberdade ou mesmo sua vida (ou, em certas circunstâncias religiosas, sua bem-aventurança, a salvação de sua alma, e por fim até a paz no túmulo: assim era no Egito, onde o cadáver do devedor nem sequer no túmulo encontrava sossego diante do credor — mas é certo que para os egípcios essa paz era algo especial). Sobretudo, o credor podia infligir ao corpo do devedor toda sorte de humilhações e torturas, por exemplo, cortar tanto quanto parecesse proporcional ao tamanho da dívida — e com base nisso, bem cedo e em toda parte houve avaliações precisas, terríveis em suas minúcias, avaliações *legais* de membros e partes do corpo. Já considero um progresso, prova de uma concepção jurídica mais livre, mais generosa, mais *romana*, que a lei das Doze Tábuas decretasse ser indiferente que os credores cortassem mais ou menos nesse caso: "*si plus minusve secuerant, ne fraude esto*" [se cortam mais ou menos, que não seja crime].[40] Tornemos clara para nós mesmos a estranha lógica dessa forma de compensação. A equivalência está em substituir uma vantagem diretamente relacionada ao dano (uma compensação em dinheiro, terra, bens de algum tipo) por uma espécie de *satisfação íntima*, concedida ao credor como reparação e recompensa — a satisfação de quem pode livremente descarregar seu poder sobre um impotente, a volúpia de "*faire le mal pour le plaisir de le faire*",[41] o prazer de ultrajar: tanto mais estimado quanto mais baixa for a posição do credor na ordem social, e que facilmente lhe parecerá um delicioso bocado, ou mesmo o antegozo de uma posição mais elevada. Através da "punição" ao devedor, o credor participa de um *direito dos senhores*; experimenta enfim ele mesmo a sensação exaltada de poder desprezar e maltratar alguém como "inferior" — ou então, no caso em que o poder de execução da pena já passou à "autoridade", poder ao menos *vê-lo* desprezado e maltratado. A compensação consiste, portanto, em um convite e um direito à crueldade. —

6. *Nesta* esfera, a das obrigações legais, está o foco de origem desse mundo de conceitos morais: "culpa", "consciência", "dever", "sacralidade do dever" — o seu início, como o início de tudo grande na terra, foi largamente banhado de sangue. E não poderíamos acrescentar que no fundo esse mundo jamais perdeu inteiramente um certo odor de sangue e tortura? (Nem mesmo no velho Kant: o imperativo categórico cheira a crueldade...) Foi igualmente aí que pela primeira vez se efetuou este sinistro, talvez indissolúvel entrelaçamento de ideias, "culpa e sofrimento". Pergunta-se mais uma vez: em que medida pode o sofrimento ser compensação para a "dívida"? Na medida em que *fazer* sofrer era altamente gratificante, na medida em que o prejudicado trocava o dano, e o desprazer pelo dano, por um extraordinário contraprazer: *causar* o sofrer — uma verdadeira *festa*, algo, como disse, que era tanto mais valioso quanto mais contradizia o posto e a posição social do credor. Isto eu ofereço como uma suposição: pois é difícil sondar o fundo dessas coisas subterrâneas, além de ser doloroso; e quem aqui introduz toscamente o conceito de "vingança", obscurece e cobre a visão, em vez de facilitá-la (— pois a vingança leva precisamente ao mesmo problema: "como pode fazer-sofrer ser uma satisfação?"). Parece-me que repugna à delicadeza, mais ainda à tartufice dos

mansos animais domésticos (isto é, os homens modernos, isto é, nós), imaginar com todo o vigor até que ponto a *crueldade* constituía o grande prazer festivo da humanidade antiga, como era um ingrediente de quase todas as suas alegrias; e com que ingenuidade se apresentava a sua exigência de crueldade, quão radicalmente a "maldade desinteressada" (ou, na expressão de Spinoza, a *sympatia malevolens* [simpatia malévola]) era vista como atributo *normal* do homem —: logo, como algo a que a consciência diz *Sim* de coração! Um olhar penetrante percebe ainda hoje traços desses prazeres tão antigos e profundos do homem; em *Além do bem e do mal*, § 229 (e antes em *Aurora*, § 18, 77, 113) apontei com dedo cauteloso para a crescente espiritualização e "divinização" da crueldade, que atravessa toda a história da cultura superior (e até mesmo a constitui, num sentido significativo). Em todo caso, não faz muito tempo que não se podia conceber casamentos de príncipes e grandes festas públicas sem execuções, suplícios ou talvez um auto de fé, nem tampouco uma casa nobre sem personagens nos quais se pudesse dar livre vazão à maldade e à zombaria cruel (— recorde-se, por exemplo, Dom Quixote na corte da duquesa: hoje lemos o *Dom Quixote* com um gosto amargo na boca, quase como um tormento, e com isso pareceríamos bem estranhos e obscuros para o autor e seus contemporâneos — eles o liam com a mais tranquila consciência, como o mais alegre dos livros, eles riam às gargalhadas). Ver-sofrer faz bem, fazer-sofrer mais bem ainda — eis uma frase dura, mas um velho e sólido axioma, humano, demasiado humano, que talvez até os símios subscrevessem: conta-se que na invenção de crueldades bizarras eles já anunciam e como que "preludiam" o homem. Sem crueldade não há festa: é o que ensina a mais antiga e mais longa história do homem — e no castigo também há muito de *festivo*!

7. Com tais pensamentos, diga-se de passagem, não pretendo em absoluto fornecer água para os moinhos dissonantes e rangentes dos nossos pessimistas cansados da vida; pelo contrário, deve ser expressamente notado que naquela época, quando a humanidade não se envergonhava ainda de sua crueldade, a vida na terra era mais contente do que agora, que existem pessimistas. O ensombrecimento do céu acima do homem aumentou à medida que cresceu a vergonha do homem *diante do homem*. O olhar pessimista enfastiado, a desconfiança diante do enigma da vida, o gélido Não do nojo da vida — estas não são características das épocas de maior maldade do gênero humano: como plantas pantanosas que são, elas surgem apenas quando há o pântano que necessitam — refiro-me à moralização e ao amolecimento doentios, em virtude dos quais o bicho "homem" aprende afinal a se envergonhar de seus instintos. A caminho de tornar-se "anjo" (para não usar palavra mais dura) o homem desenvolveu em si esse estômago arruinado e essa língua saburrenta, que lhe tornaram repulsivas a inocência e a alegria do animal, e sem sabor a própria vida — de modo que por vezes ele tapa o nariz diante de si mesmo, e juntamente com o papa Inocêncio III prepara, censura no olhar, o rol de suas repugnâncias ("concepção impura, nauseabunda nutrição no seio materno, ruindade da matéria de que se desenvolve, cheiro hediondo, secreção de escarro, urina e excremento").[42] Hoje em dia, quando o sofrimento é sempre lembrado como o primeiro argumento contra a existência, como o seu maior ponto de interrogação, é bom recordar as épocas em que se julgava o contrário, porque não se prescindia do *fazer-sofrer*, e via-se nele um encanto de primeira ordem, um verdadeiro *chamariz à vida*. Talvez então — direi para consolo dos fracotes — a dor não doesse como hoje; ao menos é o que poderia concluir um médico que tratou negros (tomados aqui como representantes do homem pré-histórico —) vítimas de graves infecções internas, que levariam ao desespero os mais robustos europeus — o que *não* acontece com os negros. (A curva da sensibilidade humana à dor parece de fato cair extraordinariamente, e quase de repente, assim que deixamos para trás os primeiros 10 mil ou 10 milhões de indivíduos da hipercultura; quanto a mim, não tenho dúvida de que, comparados com *uma* noite de dor de uma única mulher culta histérica, os sofrimentos de todos os animais até agora interrogados com o bisturi, para a obtenção de respostas científicas, simplesmente nada significam.) Talvez possamos admitir a possibilidade de que o prazer na crueldade não esteja realmente extinto: apenas necessitaria, pelo fato de agora doer mais a dor, de alguma sublimação e sutilização,[43] isto é, deveria aparecer transposto para o plano imaginativo e psíquico, e ornado de nomes tão inofensivos que não despertassem suspeita nem mesmo na mais delicada e hipócrita consciência (a "compaixão trágica" é um desses nomes; um outro é "*les nostalgies de la croix*" [as nostalgias da cruz]). O que revolta no sofrimento não é o sofrimento em si, mas a sua falta de sentido: mas nem para o cristão, que interpretou o sofrimento introduzindo-lhe todo um mecanismo secreto de salvação, nem para o ingênuo das eras antigas, que explicava todo sofrimento em consideração a espectadores ou a seus causadores, existia tal sofrimento *sem sentido*. Para que o sofrimento oculto, não descoberto, não testemunhado, pudesse ser abolido do mundo e honestamente negado, o homem se viu então praticamente obrigado a inventar deuses e seres intermediários para todos os céus e abismos, algo, em suma, que também vagueia no oculto, que também vê no escuro, e que não dispensa facilmente um espetáculo interessante de dor. Foi com ajuda de tais invenções que a vida conseguiu então realizar a arte em que sempre foi mestra: justificar a si mesma, justificar o seu "mal"; agora ela talvez necessite de outros inventos (por exemplo, vida como enigma, vida como problema do conhecimento). "É justificado todo mal cuja visão distrai um deus": assim falava a primitiva lógica do sentimento — e apenas a primitiva? Os deuses como amigos de espetáculos *cruéis* — oh, até onde essa antiquíssima ideia ainda hoje não permeia a nossa humanização europeia! Consulte-se Calvino e Lutero, por exemplo. É certo, de todo modo, que tampouco os gregos sabiam de condimento mais agradável para juntar à felicidade dos deuses do que as alegrias da crueldade. Com que olhos pensam vocês que os deuses homéricos olhavam os destinos dos homens? Que sentido tinham no fundo as guerras de Troia e semelhantes trágicos horrores? Não há como duvidar: eram *festivais* para os deuses; e, na medida em que os poetas sejam nisso mais "divinos" que os outros homens, eram também festivais para os poetas... De igual modo os filósofos morais da Grécia imaginaram depois os olhos do deus a observar a luta moral, o heroísmo e o autossuplício do virtuoso: o "Hércules do dever" estava sobre um palco, e sabia disso; a virtude sem testemunhas era algo impensável para esse povo de atores. Aquela tão ousada, tão fatídica invenção de filósofos, feita então pela primeira vez na Europa, a do "livre-arbítrio",[44] da absoluta espontaneidade do homem no bem e no mal, não teria sido feita sobretudo para adquirir o direito de pensar que o interesse dos deuses no homem, na virtude humana, *não poderia jamais se esgotar*? Nesse palco da terra jamais deveriam faltar coisas realmente novas, tensões, intrigas, catástrofes realmente inauditas: um mundo concebido de modo inteiramente determinista seria previsível para os deuses, tornando-se logo cansativo — razão suficiente para que esses *amigos dos deuses*, os filósofos, não lhes impusessem um tal mundo! Toda a humanidade antiga é plena de terna consideração pelo "espectador", sendo um mundo essencialmente público, essencialmente visível, que não sabia imaginar a felicidade sem espetáculos e festas. — E, como já disse, também no grande castigo há muito de festivo!...

8. O sentimento de culpa, da obrigação pessoal, para retomar o fio de nossa investigação, teve origem, como vimos, na mais antiga e primordial relação pessoal, na relação entre comprador e vendedor, credor e devedor: foi então que pela primeira vez defrontou-se, *mediu-se* uma pessoa com outra. Não foi ainda encontrado um grau de civilização tão baixo que não exibisse algo dessa relação. Estabelecer preços, medir valores, imaginar equivalências, trocar — isso ocupou de tal maneira o mais antigo pensamento do homem, que num certo sentido *constituiu* o pensamento: aí se cultivou a mais velha perspicácia, aí se poderia situar o primeiro impulso do orgulho humano, seu sentimento de primazia diante dos outros animais. Talvez a nossa palavra "*Mensch*" (*manas*)[45] expresse ainda algo deste sentimento de si: o homem [*Mensch*, em alemão] designava-se como o ser que mede valores, valora e mede, como "o animal avaliador". Comprar e vender, juntamente com seu aparato psicológico, são mais velhos inclusive do que os começos de qualquer forma de organização social ou aliança: foi apenas a partir da forma mais rudimentar de direito pessoal que o germinante sentimento de troca, contrato, débito [*Schuld*], direito, obrigação, compensação, foi *transposto* para os mais toscos e incipientes complexos sociais (em sua relação com complexos semelhantes), simultaneamente ao hábito de comparar, medir, calcular um poder e outro. O olho estava posicionado nessa perspectiva; e com a rude coerência peculiar ao pensamento da mais antiga humanidade, pensamento difícil de mover-se, mas inexorável no caminho escolhido, logo se chegou à grande generalização: "cada coisa tem seu preço; *tudo* pode ser pago" — o mais velho e ingênuo cânon moral da justiça, o começo de toda "bondade", toda "equidade", toda "boa vontade", toda "objetividade" que existe na terra. Nesse primeiro estágio, justiça é a boa vontade, entre homens de poder aproximadamente igual, de acomodar-se entre si, de "entender-se" mediante um compromisso — e, com relação aos de menor poder, forçá-los a um compromisso entre si.

9. Ainda utilizando a medida da pré-história (pré-história, aliás, que sempre está presente, ou sempre pode retornar): também a comunidade mantém com seus membros essa importante relação básica, a do credor com seus devedores. Vive-se numa comunidade, desfruta-se as vantagens de uma comunidade (e que vantagens! por vezes as subestimamos atualmente), vive-se protegido, cuidado, em paz e confiança, sem se preocupar com certos abusos e hostilidades a que está exposto o homem *de fora*, o "sem-paz"[46] — um alemão entende o que *Elend*, *êlend* [miséria][47] significava originalmente —, desde que precisamente em vista desses abusos e hostilidades o indivíduo se empenhou e se comprometeu com a comunidade. Que sucederá no caso contrário? A comunidade, o credor traído, exigirá pagamento, pode-se ter certeza. O dano imediato é o que menos importa no caso: ainda sem considerar esse dano, o criminoso é sobretudo um "infrator",[48] alguém que quebra a palavra e o contrato com o todo, no tocante aos benefícios e comodidades da vida em comum, dos quais ele até então participava. O criminoso é um devedor que não só não paga os proveitos e adiantamentos que lhe foram concedidos, como inclusive atenta contra o seu credor: daí que ele não apenas será privado de todos esses benefícios e vantagens, como é justo — doravante lhe será lembrado *o quanto valem esses benefícios*. A ira do credor prejudicado, a comunidade, o devolve ao estado selvagem e fora da lei do qual ele foi até então protegido: afasta-o de si — toda espécie de hostilidade poderá então se abater sobre ele. O "castigo", nesse nível dos costumes, é simplesmente a cópia, *mimus* [reprodução] do comportamento normal perante o inimigo odiado, desarmado, prostrado, que perdeu não só qualquer direito e proteção, mas também qualquer esperança de graça; ou seja, é o direito de guerra e a celebração do *Vae victis*! [ai dos vencidos!] em toda a sua dureza e crueldade — o que explica por que a própria guerra (incluindo o sacrifício ritual guerreiro) forneceu todas as *formas* sob as quais o castigo[49] aparece na história.

10. Aumentando o poder de uma comunidade, ela não mais atribui tanta importância aos desvios do indivíduo, porque eles já não podem ser considerados tão subversivos e perigosos para a existência do todo: o malfeitor não é mais "privado da paz" e expulso, a ira coletiva já não pode se descarregar livremente sobre ele — pelo contrário, a partir de então ele é cuidadosamente defendido e abrigado pelo todo, protegido em especial da cólera dos que prejudicou diretamente. O acerto com as vítimas imediatas da ofensa; o esforço de circunscrever o caso e evitar maior participação e inquietação; as tentativas de achar equivalentes e acomodar a questão (*compositio*); sobretudo a vontade cada vez mais firme de considerar toda infração *resgatável* de algum modo, e assim *isolar*, ao menos em certa medida, o criminoso de seu ato — estes são os traços que marcaram cada vez mais nitidamente a evolução posterior do direito penal. Se crescem o poder e a consciência de si de uma comunidade, torna-se mais suave o direito penal; se há enfraquecimento dessa comunidade, e ela corre grave perigo, formas mais duras desse direito voltam a se manifestar. O "credor" se torna sempre mais humano, na medida em que se torna mais rico; e o quanto de injúria ele pode suportar sem sofrer é, por fim, a própria medida de sua riqueza. Não é inconcebível uma sociedade com tal *consciência de poder* que se permitisse o seu mais nobre luxo: deixar *impunes* os seus ofensores. "Que me importam meus parasitas?", diria ela. "Eles podem viver e prosperar — sou forte o bastante para isso!"... A justiça, que iniciou com "tudo é resgatável, tudo tem que ser pago", termina por fazer vista grossa e deixar escapar os insolventes — termina como toda coisa boa sobre a terra, *suprimindo a si mesma*. A autossupressão da justiça:[50] sabemos com que belo nome ela se apresenta — graça; ela permanece, como é óbvio, privilégio do poderoso, ou melhor, o seu "além do direito".

11. — Agora uma palavra negativa sobre as tentativas recentes de buscar a origem da justiça num terreno bem diverso — o do ressentimento. Antes direi no ouvido dos psicólogos, supondo que desejem algum dia estudar de perto o ressentimento: hoje esta planta floresce do modo mais esplêndido entre os anarquistas e antissemitas, aliás onde sempre floresceu, na sombra, como a violeta, embora com outro cheiro. E como do que é igual sempre brotarão iguais, não surpreende ver surgir, precisamente desses círculos, tentativas como já houve bastantes — ver acima, página 57 — de sacralizar a *vingança* sob o nome de *justiça* — como se no fundo a justiça fosse apenas uma evolução do sentimento de estar-ferido — e depois promover, com a vingança, todos os afetos *reativos*.[51] Quanto a este último ponto, eu não teria em absoluto o que objetar: tendo em vista o problema biológico no seu todo (em relação ao qual o valor desses afetos foi até hoje subestimado), isto me pareceria até mesmo um *mérito*. O que gostaria de sublinhar é a circunstância de que essa nova nuance de equidade científica (em favor do ódio, do despeito, da inveja, da suspeita, do rancor, da vingança) nasce do próprio espírito do ressentimento. Pois essa "equidade científica" de pronto se detém e dá lugar a inflexões de parcialidade e inimizade mortal, quando se trata de um outro grupo de afetos que são, me parece, de valor biológico bem mais elevado que os *reativos*, e portanto mereceriam ser *cientificamente* avaliados e muito estimados: os afetos propriamente *ativos*, como a ânsia de domínio, a sede de posse, e outros assim. (E. Dühring, *Valor da vida*, *Curso de filosofia*, e no fundo em todas as suas obras.)[52] Apenas isto a dizer contra essa tendência em geral; mas quanto à afirmação específica de Dühring, de que a nascente da justiça se acha no terreno do sentimento reativo, é preciso, em prol da verdade, contrapor-lhe bruscamente a afirmação inversa: o *último* terreno conquistado pelo espírito da justiça é o do sentimento reativo! Quando realmente acontece de o homem justo ser justo até mesmo com os que o prejudicam (e não apenas frio, comedido, distante, indiferente: ser justo é sempre uma atitude *positiva*), quando a elevada, clara, branda e também profunda objetividade do olho justo, do olho *que julga*, não se turva sequer sob o assalto da injúria pessoal, da derrisão e da calúnia, isto é sinal de perfeição e suprema mestria — algo, inclusive, que prudentemente não se deve esperar, em que não se deve facilmente acreditar. De ordinário, mesmo para as mais íntegras pessoas basta uma pequena dose de agressão, malícia, insinuação, para lhes fazer o sangue subir aos olhos e a imparcialidade sair dos olhos. O homem ativo, violento, excessivo, está sempre bem mais próximo da justiça que o homem reativo; pois ele não necessita em absoluto avaliar seu objeto de modo falso e parcial, como faz, como tem que fazer o homem reativo. Efetivamente por isso o homem agressivo, como o mais forte, nobre, corajoso, em todas as épocas possuiu o olho *mais livre*, a consciência *melhor*: inversamente, já se sabe quem carrega na consciência a invenção da "má consciência" — o homem do ressentimento! Afinal, consultemos a história: a qual esfera sempre pertenceu até agora a administração do direito, e também a própria exigência de direito? À esfera dos homens reativos, talvez? Absolutamente não; mas sim à dos ativos, fortes, espontâneos, agressivos. Historicamente considerado, o direito representa — seja dito para desgosto do já mencionado agitador (o qual faz ele mesmo esta confissão: "a doutrina da vingança atravessa, como um fio vermelho da justiça, todos os meus trabalhos e meus esforços") — justamente a luta *contra* os sentimentos reativos, a guerra que lhes fazem os poderes ativos e agressivos, que utilizam parte de sua força para conter os desregramentos do *pathos* reativo e impor um acordo. Em toda parte onde se exerce e se mantém a justiça, vemos um poder mais forte que busca meios de pôr fim, entre os mais fracos a ele subordinados (grupos ou indivíduos), ao insensato influxo do ressentimento, seja retirando das mãos da vingança o objeto do ressentimento, seja colocando em lugar da vingança a luta contra os inimigos da paz e da ordem, seja imaginando, sugerindo ou mesmo forçando compromissos, seja elevando certos equivalentes de prejuízos à categoria de norma, à qual de uma vez por todas passa a ser dirigido o ressentimento. Mas o decisivo no que a autoridade suprema faz e impõe contra a vigência dos sentimentos de reação e rancor[53] — o que faz sempre, tão logo se sente forte o bastante —, é a instituição da *lei*, a declaração imperativa sobre o que a seus olhos é permitido, justo, e proibido, injusto: após a instituição da lei, ao tratar abusos e atos arbitrários de indivíduos ou grupos inteiros como ofensas à lei, como revoltas contra a autoridade mesma, ela desvia os sentimentos dos seus subordinados do dano imediato causado por tais ofensas, e assim consegue afinal o oposto do que deseja a vingança, a qual enxerga e faz valer somente o ponto de vista do prejudicado —: daí em diante o olho é treinado para uma avaliação sempre *mais impessoal* do ato, até mesmo o olho do prejudicado (mas este por último, como já se observou). — Segue-se que "justo" e "injusto" existem apenas a partir da instituição da lei (e *não*, como quer Dühring, a partir do ato ofensivo). Falar de justo e injusto *em si* carece de qualquer sentido; *em si*, ofender, violentar, explorar, destruir não pode naturalmente ser algo "injusto", na medida em que *essencialmente*, isto é, em suas funções básicas, a vida atua ofendendo, violentando, explorando, destruindo, não podendo sequer ser concebida sem esse caráter. É preciso mesmo admitir algo ainda mais grave: que, do mais alto ponto de vista biológico, os estados de direito não podem senão ser *estados de exceção*, enquanto restrições parciais da vontade de vida que visa o poder, a cujos fins gerais se subordinam enquanto meios particulares: a saber, como meios para criar *maiores* unidades de poder. Uma ordem de direito concebida como geral e soberana, não como meio na luta entre complexos de poder, mas como meio *contra* toda luta, mais ou menos segundo o clichê comunista de Dühring, de que toda vontade deve considerar toda outra vontade como igual, seria um princípio *hostil à vida*, uma ordem destruidora e desagregadora do homem, um atentado ao futuro do homem, um sinal de cansaço, um caminho sinuoso para o nada. —

12. Ainda uma palavra sobre a origem e a finalidade do castigo — dois problemas distintos, ou que se deveria distinguir: infelizmente se costuma confundi-los. Como procederam neste caso os genealogistas da moral? De modo ingênuo, como sempre —: descobrem no castigo uma "finalidade" qualquer, por exemplo a vingança, ou a intimidação, colocam despreocupadamente essa finalidade no começo, como *causa fiendi* [causa da origem] do castigo, e — é tudo. Mas a "finalidade no direito" é a última coisa a se empregar na história da gênese do direito: pois não há princípio mais importante para toda ciência histórica do que este, que com tanto esforço se conquistou, mas que também *deveria* estar realmente conquistado — o de que a causa da gênese de uma coisa e a sua utilidade final, a sua efetiva utilização e inserção em um sistema de finalidades, diferem *toto coelo* [totalmente]; de que algo existente, que de algum modo chegou a se realizar, é sempre reinterpretado para novos fins, requisitado de maneira nova, transformado e redirecionado para uma nova utilidade, por um poder que lhe é superior; de que todo acontecimento do mundo orgânico é um *subjugar* e *assenhorear-se*, e todo subjugar e assenhorear-se é uma nova interpretação, um ajuste, no qual o "sentido" e a "finalidade" anteriores são necessariamente obscurecidos ou obliterados. Mesmo tendo-se compreendido bem a *utilidade* de um órgão fisiológico (ou de uma instituição de direito, de um costume social, de um uso político, de uma determinada forma nas artes ou no culto religioso), nada se compreendeu acerca de sua gênese: por mais molesto e desagradável que isto soe aos ouvidos mais velhos — pois de há muito se acreditava perceber no fim demonstrável, na utilidade de uma coisa, uma forma, uma instituição, também a razão de sua gênese, o olho tendo sido feito para ver, e a mão para pegar. Assim se imaginou o castigo como inventado para castigar. Mas todos os fins, todas as utilidades são apenas *indícios* de que uma vontade de poder se assenhoreou de algo menos poderoso e lhe imprimiu o sentido de uma função; e toda a história de uma "coisa", um órgão, um uso, pode desse modo ser uma ininterrupta cadeia de signos de sempre novas interpretações e ajustes, cujas causas nem precisam estar relacionadas entre si, antes podendo se suceder e substituir de maneira meramente casual. Logo, o "desenvolvimento" de uma coisa, um uso, um órgão, é tudo menos o seu *progressus* em direção a uma meta, menos ainda um *progressus* lógico e rápido, obtido com um dispêndio mínimo de forças — mas sim a sucessão de processos de subjugamento que nela ocorrem, mais ou menos profundos, mais ou menos interdependentes, juntamente com as resistências que a cada vez encontram, as metamorfoses tentadas com o fim de defesa e reação, e também os resultados de ações contrárias bem-sucedidas. Se a forma é fluida, o "sentido" é mais ainda... Mesmo no interior de cada organismo não é diferente: a cada crescimento essencial do todo muda também o "sentido" dos órgãos individuais — em certas circunstâncias a sua ruína parcial, a sua diminuição em número (pela destruição dos componentes intermediários, por exemplo) pode ser um signo de crescente força e perfeição. Quero dizer que também a *inutilização* parcial, a atrofia e degeneração, a perda de sentido e propósito, a morte, em suma, está entre as condições para o verdadeiro *progressus*; o qual sempre aparece em forma de vontade e via de *maior poder*, e é sempre imposto à custa de inúmeros poderes menores. A magnitude de um "avanço", inclusive, se *mede* pela massa daquilo que teve de lhe ser sacrificado; a humanidade enquanto massa sacrificada ao florescimento de uma *mais forte* espécie de homem — *isto* seria um avanço... Dou ênfase a esse ponto de vista capital do método histórico, tanto mais porque vai de encontro ao gosto e aos instintos agora dominantes, que antes se conciliariam até mesmo com a contingência absoluta, com a mecânica absurdidade de todo acontecer, do que com a teoria de uma *vontade de poder* operante em todo acontecer. A idiossincrasia democrática contra tudo o que domina e quer dominar, o moderno misarquismo[54] (forjando uma palavra feia para uma coisa feia) de tal modo se transformou e se mascarou no que é espiritual, espiritualíssimo, que hoje passo a passo penetra, *pode* penetrar, nas mais rigorosas e aparentemente mais objetivas ciências; me parece mesmo que já se apossou de toda a fisiologia e teoria da vida, com prejuízo dela, já se entende, ao lhe retirar uma noção fundamental, a de *atividade*. Sob influência dessa idiossincrasia, colocou-se em primeiro plano a "adaptação", ou seja, uma atividade de segunda ordem, uma reatividade; chegou-se mesmo a definir a vida como uma adaptação interna, cada vez mais apropriada, a circunstâncias externas (Herbert Spencer). Mas com isto se desconhece a essência da vida, a sua *vontade de poder*; com isto não se percebe a primazia fundamental das forças espontâneas, agressivas, expansivas, criadoras de novas formas, interpretações e direções, forças cuja ação necessariamente precede a "adaptação"; com isto se nega, no próprio organismo, o papel dominante dos mais altos funcionários, aqueles nos quais a vontade de vida aparece ativa e conformadora. Recorde-se o que Huxley criticou em Spencer — o seu "niilismo administrativo": mas trata-se de bem mais que de mera "administração"...[55]

13. — Voltando ao nosso tema, ao *castigo*, há que distinguir nele dois aspectos: o que nele é relativamente *duradouro*, o costume, o ato, o "drama", uma certa sequência rigorosa de procedimentos, e o que é *fluido*, o sentido, o fim, a expectativa ligada à realização desses procedimentos. Agora pressuporemos, *per analogiam* [por analogia], conforme o cardinal ponto de vista histórico acima desenvolvido, que o procedimento mesmo seja algo mais velho, anterior à sua utilização no castigo, que este tenha sido *introduzido*, interpretado no procedimento (que há muito já existia, mas empregado em outro sentido), em suma, que as coisas não sejam como os nossos ingênuos genealogistas da moral e do direito até agora supunham, os quais imaginavam o procedimento como tendo sido *inventado* para fins de castigo, assim como antes se imaginava a mão inventada para o fim de agarrar. Quanto ao outro elemento do castigo, o fluido, o "sentido", em um estado bastante tardio da cultura (na Europa de hoje, por exemplo) o conceito de "castigo" já não apresenta de fato um único sentido, mas toda uma síntese de "sentidos": a história do castigo até então, a história de sua utilização para os mais diversos fins, cristaliza-se afinal em uma espécie de unidade que dificilmente se pode dissociar, que é dificilmente analisável e, deve ser enfatizado, inteiramente *indefinível*. (Hoje é impossível dizer ao certo *por que* se castiga: todos os conceitos em que um processo inteiro se condensa semioticamente se subtraem à definição; definível é apenas aquilo que não tem história.) Mas em um estágio anterior tal síntese de "sentidos" ainda aparece mais dissociável, mais mutável; pode-se ainda perceber como em cada caso singular os elementos da síntese mudam a sua valência, e portanto se reordenam, de modo que ora esse, ora aquele elemento se destaca e predomina às expensas dos outros, e em certas circunstâncias um elemento (como a finalidade de intimidação) parece suprimir todos os restantes. Para ao menos dar uma ideia de como é incerto, suplementar e acidental o "sentido" do castigo, de como um mesmo procedimento pode ser utilizado, interpretado, ajustado para propósitos radicalmente diversos, eis o elenco que me resultou de um material relativamente pequeno e casual. Castigo como neutralização, como impedimento de novos danos. Castigo como pagamento de um dano ao prejudicado, sob qualquer forma (também na de compensação afetiva). Castigo como isolamento de uma perturbação do equilíbrio, para impedir o alastramento da perturbação. Castigo como inspiração de temor àqueles que determinam e executam o castigo. Castigo como espécie de compensação pelas vantagens que o criminoso até então desfrutou (por exemplo, fazendo-o trabalhar como escravo nas minas). Castigo como segregação de um elemento que degenera (por vezes de todo um ramo de família, como prescreve o direito chinês: como meio de preservação da pureza da raça ou de consolidação de um tipo social). Castigo como festa, ou seja, como ultraje e escárnio de um inimigo finalmente vencido. Castigo como criação de memória, seja para aquele que sofre o castigo — a chamada "correção" —, seja para aqueles que o testemunham. Castigo como pagamento de um honorário, exigido pelo poder que protege o malfeitor dos excessos da vingança. Castigo como compromisso com o estado natural da vingança, quando este é ainda mantido e reivindicado como privilégio por linhagens poderosas. Castigo como declaração e ato de guerra contra um inimigo da paz, da ordem, da autoridade, que, sendo perigoso para a comunidade, como violador dos seus pressupostos, como rebelde, traidor e violentador da paz, é combatido com os meios que a guerra fornece. —

14. Esta lista é certamente incompleta; evidentemente o castigo está carregado de toda espécie de utilidades. Por isso nos será perdoado, se lhe subtraímos uma *pretensa* utilidade, tida na consciência popular como a mais essencial — a crença no castigo, hoje por tantos motivos abalada, ainda encontra nela seu esteio mais firme. O castigo teria o valor de despertar no culpado o *sentimento da culpa*, nele se vê o verdadeiro *instrumentum* dessa reação psíquica chamada "má consciência", "remorso".[56] Mas assim se atenta contra a realidade e contra a psicologia, mesmo para o tempo de hoje: tanto mais para a mais longa história do homem, a sua pré-história! Justamente entre prisioneiros e criminosos o autêntico remorso é algo raro ao extremo, as penitenciárias e casas de correção *não* são o viveiro onde se reproduz essa espécie de verme roedor — nisso concordam todos os observadores conscienciosos, que em muitos casos expressam tal juízo a contragosto e em oposição aos seus desejos mais próprios. Falando de modo geral, o castigo endurece e torna frio; concentra; aguça o sentimento de distância; aumenta a força de resistência. Quando sucede de ele quebrar a energia e produzir miserável prostração e autorrebaixamento, um tal sucesso é sem dúvida ainda menos agradável que o seu efeito habitual: que se caracteriza por uma seca e sombria seriedade. Mas se considerarmos os milênios *anteriores* à história do homem, sem hesitação poderemos afirmar que o desenvolvimento do sentimento de culpa foi *detido*, mais do que tudo, precisamente pelo castigo — ao menos quanto às vítimas da violência punitiva. Não subestimemos em que medida a visão dos procedimentos judiciais e executivos impede o criminoso de sentir seu ato, seu gênero de ação, como repreensível *em si*: pois ele vê o mesmo gênero de ações praticado a serviço da justiça, aprovado e praticado com boa consciência: espionagem, fraude, uso de armadilhas, suborno, toda essa arte capciosa e trabalhosa dos policiais e acusadores, e mais aquilo feito por princípio, sem o afeto sequer para desculpar, roubo, violência, difamação, aprisionamento, assassínio, tortura, tudo próprio dos diversos tipos de castigo — ações de modo algum reprovadas e condenadas *em si* pelos juízes, mas apenas em certo aspecto e utilização prática. A "má consciência", a mais sinistra e mais interessante planta da nossa vegetação terrestre, *não* cresceu nesse terreno — de fato, por muitíssimo tempo os que julgavam e puniam não revelaram consciência de estar lidando com um "culpado". Mas sim com um causador de danos, com um irresponsável fragmento do destino. E este, sobre o qual, também parte do destino, se abatia o castigo, não experimentava outra "aflição interior" que não a trazida pelo surgimento súbito de algo imprevisto, como um terrível evento natural, a queda de um bloco de granito contra o qual não há luta.

15. De maneira insidiosa isto ocorreu certa vez a Spinoza (para desgosto dos seus intérpretes, que *se esforçam* devidamente para não compreendê-lo nisso, Kuno Fischer,[57] por exemplo), quando numa tarde, incitado por quem sabe qual lembrança, ficou a cismar a questão do que realmente lhe restara do célebre *morsus conscientiae* [mordida da consciência] — ele, que remetera Bem e Mal para o reino das invenções humanas, e com fervor defendera a honra do seu Deus "livre" contra os blasfemadores que afirmavam que Deus tudo fazia *sub ratione boni* [por boa razão] ("mas isto significaria submeter Deus ao destino, e seria certamente o maior dos despropósitos" —). Para Spinoza, o mundo retornara à inocência em que vivia antes da invenção da má consciência: o que resultou então do *morsus conscientiae*? "O oposto do *gaudium*", disse para si afinal — "uma tristeza acompanhada da ideia de uma coisa passada, cujo desfecho traiu a expectativa." *Eth. III propos. XVIII schol. I. II.* De modo não diferente de Spinoza, durante milênios os malfeitores alcançados pelo castigo pensaram a respeito de sua "falta": "algo aqui saiu errado", *e não*: "eu não devia ter feito isso" — eles se submetiam ao castigo como alguém se submete a uma doença, a uma desgraça ou à morte, com aquele impávido fatalismo sem revolta, em virtude do qual os russos, por exemplo, ainda hoje têm vantagem sobre nós, ocidentais, no trato com a vida. Se havia então uma crítica do ato era a prudência[58] que a exercia: inquestionavelmente se deve buscar o genuíno *efeito* do castigo, antes de tudo, numa intensificação da prudência, num alargamento da memória, numa vontade de passar a agir de maneira mais cauta, desconfiada e sigilosa, na percepção de ser demasiado fraco para muitas coisas, numa melhoria da faculdade de julgar a si próprio. O que em geral se consegue com o castigo, em homens e animais, é o acréscimo do medo, a intensificação da prudência, o controle dos desejos: assim o castigo *doma* o homem, mas não o torna "melhor" — com maior razão se afirmaria o contrário. ("O prejuízo torna prudente", diz o povo: tornando prudente, torna também ruim. Mas felizmente torna muitas vezes tolo.)

16. Neste ponto já não posso me furtar a oferecer uma primeira, provisória expressão da minha hipótese sobre a origem da "má consciência": não é fácil apresentá-la, e ela necessita ser longamente pensada, pesada, ponderada. Vejo a má consciência como a profunda doença que o homem teve de contrair sob a pressão da mais radical das mudanças que viveu — a mudança que sobreveio quando ele se viu definitivamente encerrado no âmbito da sociedade e da paz. O mesmo que deve ter sucedido aos animais aquáticos, quando foram obrigados a tornar-se animais terrestres ou perecer, ocorreu a esses semianimais adaptados de modo feliz à natureza selvagem, à vida errante, à guerra, à aventura — subitamente seus instintos ficaram sem valor e "suspensos". A partir de então deveriam andar com os pés e "carregar a si mesmos", quando antes eram levados pela água: havia um terrível peso sobre eles. Para as funções mais simples sentiam-se canhestros, nesse novo mundo não mais possuíam os seus velhos guias, os impulsos reguladores e inconscientemente certeiros[59] — estavam reduzidos, os infelizes, a pensar, inferir, calcular, combinar causas e efeitos, reduzidos à sua "consciência", ao seu órgão mais frágil e mais falível! Creio que jamais houve na terra um tal sentimento de desgraça, um mal-estar tão plúmbeo — e além disso os velhos instintos não cessaram repentinamente de fazer suas exigências! Mas era difícil, raramente possível, lhes dar satisfação: no essencial tiveram de buscar gratificações novas e, digamos, subterrâneas. Todos os instintos que não se descarregam para fora *voltam-se para dentro* — isto é o que chamo de *interiorização do homem*: é assim que no homem cresce o que depois se denomina sua "alma". Todo o mundo interior, originalmente delgado, como que entre duas membranas, foi se expandindo e se estendendo, adquirindo profundidade, largura e altura, na medida em que o homem foi *inibido* em sua descarga para fora. Aqueles terríveis bastiões com que a organização do Estado se protegia dos velhos instintos de liberdade — os castigos, sobretudo, estão entre esses bastiões — fizeram com que todos aqueles instintos do homem selvagem, livre e errante se voltassem para trás, *contra o homem* *mesmo*. A hostilidade, a crueldade, o prazer na perseguição, no assalto, na mudança, na destruição — tudo isso se voltando contra os possuidores de tais instintos: *esta* é a origem da má consciência. Esse homem que, por falta de inimigos e resistências exteriores, cerrado numa opressiva estreiteza e regularidade de costumes, impacientemente lacerou, perseguiu, corroeu, espicaçou, maltratou a si mesmo, esse animal que querem "amansar", que se fere nas barras da própria jaula, este ser carente, consumido pela nostalgia do ermo, que a si mesmo teve de converter em aventura, câmara de tortura, insegura e perigosa mata — esse tolo, esse prisioneiro presa da ânsia e do desespero tornou-se o inventor da "má consciência". Com ela, porém, foi introduzida a maior e mais sinistra doença, da qual até hoje não se curou a humanidade, o sofrimento do homem *com o homem, consigo*: como resultado de uma violenta separação do seu passado animal, como que um salto e uma queda em novas situações e condições de existência, resultado de uma declaração de guerra aos velhos instintos nos quais até então se baseava sua força, seu prazer e o temor que inspirava. Acrescentemos, de imediato, que com uma alma animal voltada contra si mesma, tomando partido contra si mesma, algo tão novo surgia na terra, tão inaudito, tão profundo, enigmático, pleno de contradição *e de futuro*, que o aspecto da terra se alterou substancialmente. De fato, necessitava-se de espectadores divinos, para fazer justiça ao espetáculo que então começava e cujo fim não se prevê — espetáculo demasiado fino, portentoso e paradoxal, para que pudesse acontecer absurdamente despercebido, num astro ridículo qualquer! O homem se inclui, desde então, entre os mais inesperados e emocionantes lances no jogo da "grande criança" de Heráclito,[60] chame-se ela Zeus ou Acaso — ele desperta um interesse, uma tensão, uma esperança, quase uma certeza, como se com ele algo se anunciasse, algo se preparasse, como se o homem não fosse uma meta, mas apenas um caminho, um episódio, uma ponte, uma grande promessa...

17. Essa hipótese sobre a origem da má consciência pressupõe, em primeiro lugar, que a mudança não tenha sido gradual nem voluntária, e que não tenha representado um crescimento orgânico no interior de novas condições, mas uma ruptura, um salto, uma coerção, uma fatalidade inevitável, contra a qual não havia luta e nem sequer ressentimento. Em segundo lugar, que a inserção de uma população sem normas e sem freios numa forma estável, assim como tivera início com um ato de violência, foi levada a termo somente com atos de violência — que o mais antigo "Estado", em consequência, apareceu como uma terrível tirania, uma maquinaria esmagadora e implacável, e assim prosseguiu seu trabalho, até que tal matéria-prima humana e semianimal ficou não só amassada e maleável, mas também *dotada de uma forma*. Utilizei a palavra "Estado": está claro a que me refiro — algum bando de bestas louras, uma raça de conquistadores e senhores, que, organizada guerreiramente e com força para organizar, sem hesitação lança suas garras terríveis sobre uma população talvez imensamente superior em número, mas ainda informe e nômade. Deste modo começa a existir o "Estado" na terra: penso haver-se acabado aquele sentimentalismo que o fazia começar com um "contrato". Quem pode dar ordens, quem por natureza é "senhor", quem é violento em atos e gestos — que tem a ver com contratos! Tais seres são imprevisíveis, eles vêm como o destino, sem motivo, razão, consideração, pretexto, eles surgem como o raio, de maneira demasiado terrível, repentina, persuasiva, demasiado "outra", para serem sequer odiados. Sua obra consiste em instintivamente criar formas, imprimir formas, eles são os mais involuntários e inconscientes artistas — logo há algo novo onde eles aparecem, uma estrutura de domínio *que vive*, na qual as partes e as funções foram delimitadas e relacionadas entre si, na qual não encontra lugar o que não tenha antes recebido um "sentido" em relação ao todo. Eles não sabem o que é culpa, responsabilidade, consideração, esses organizadores natos; eles são regidos por aquele tremendo egoísmo de artista, que tem o olhar de bronze, e já se crê eternamente justificado na "obra", como a mãe no filho.

Neles não nasceu a má consciência, isto é mais do que claro — mas *sem* eles ela não teria nascido, essa planta hedionda, ela não existiria se, sob o peso dos seus golpes de martelo, da sua violência de artistas, um enorme *quantum* de liberdade não tivesse sido eliminado do mundo, ou ao menos do campo da visão, e tornado como que latente. Esse *instinto de liberdade* tornado latente à força — já compreendemos —, esse instinto de liberdade reprimido, recuado, encarcerado no íntimo, por fim capaz de desafogar-se somente em si mesmo: isto, apenas isto, foi em seus começos a *má consciência*.

18. Guardemo-nos de fazer pouco-caso desse fenômeno, por ser já de início feio e doloroso. No fundo é a mesma força ativa, que age grandiosamente naqueles organizadores e artistas da violência e constrói Estados, que aqui, interiormente, em escala menor e mais mesquinha, dirigida para trás, no "labirinto do peito", como diz Goethe,[61] cria a má consciência e constrói ideais negativos, é aquele mesmo *instinto de liberdade* (na minha linguagem: a vontade de poder): somente que a matéria na qual se extravasa a natureza conformadora e violentadora dessa força é aqui o homem mesmo, o seu velho Eu animal — e *não*, como naquele fenômeno maior e mais evidente, o *outro* homem, *outros homens*. Essa oculta violentação de si mesmo, essa crueldade de artista, esse deleite em se dar uma forma, como a uma matéria difícil, recalcitrante, sofrente, em se impor a ferro e fogo uma vontade, uma crítica, uma contradição, um desprezo, um Não, esse inquietante e horrendamente prazeroso trabalho de uma alma voluntariamente cindida, que a si mesma faz sofrer, por prazer em fazer sofrer, essa "má consciência" *ativa* também fez afinal — já se percebe —, como verdadeiro ventre de acontecimentos ideais e imaginosos, vir à luz uma profusão de beleza e afirmação nova e surpreendente, e talvez mesmo a própria beleza... Pois o que seria "belo", se a contradição não se tornasse primeiro consciente de si mesma, se antes a feiura não houvesse dito a si mesma: "eu sou feia"?... Isso ao menos tornará menos enigmático o enigma de como se pôde insinuar um ideal, uma beleza, em noções contraditórias como *ausência de si*, *abnegação*, *sacrifício*; e uma coisa sabemos doravante, não tenho dúvida — de que espécie é, desde o início, o *prazer* que sente o desinteressado, o abnegado, o que se sacrifica: este prazer vem da crueldade. — Apenas isso, no momento, sobre a origem do "não-egoísmo" como valor *moral*, e para delimitação do terreno no qual ele cresceu: somente a má consciência, somente a vontade de maltratar-se fornece a condição primeira para o *valor* do não-egoísmo.

19. A má consciência é uma doença, quanto a isso não há dúvida, mas uma doença tal como a gravidez é uma doença. Investiguemos as condições em que essa doença atingiu a sua mais terrível e mais sublime culminância — veremos o que realmente surgiu então no mundo. Mas isso requer fôlego — e primeiramente devemos retornar a um ponto de vista anterior. A relação de direito privado entre o devedor e seu credor, da qual já falamos longamente, foi mais uma vez, e de maneira historicamente curiosa e problemática, introduzida numa relação na qual talvez seja, para nós, homens modernos, algo inteiramente incompreensível: na relação entre *os vivos e seus antepassados*. Na originária comunidade tribal — falo dos primórdios — a geração que vive sempre reconhece para com a anterior, e em especial para com a primeira, fundadora da estirpe,[62] uma obrigação jurídica (e não um mero vínculo de sentimento: seria lícito inclusive contestar a existência deste último durante o mais longo período da espécie humana). A convicção prevalece de que a comunidade subsiste apenas graças aos sacrifícios e às realizações dos antepassados — e de que é preciso lhes pagar isso com sacrifícios e realizações: reconhece-se uma *dívida* [*Schuld*], que cresce permanentemente, pelo fato de que os antepassados não cessam, em sua sobrevida como espíritos poderosos, de conceder à estirpe novas vantagens e adiantamentos a partir de sua força. Em vão, talvez? Mas não existe "em vão" para aqueles tempos crus e "sem alma". O que se pode lhes dar em troca? Sacrifícios (inicialmente para alimentação, entendida do modo mais grosseiro), festas, música, homenagens, sobretudo obediência — pois os costumes são, enquanto obra dos antepassados, também seus preceitos e ordens —: é possível lhes dar bastante? Esta suspeita permanece e aumenta: de quando em quando exige um imenso resgate, algo monstruoso como pagamento ao "credor" (o famigerado sacrifício do primogênito, por exemplo; sangue, sangue humano, em todo caso). Segundo esse tipo de lógica, o *medo* do ancestral e do seu poder, a consciência de ter dívidas para com ele, cresce necessariamente na exata medida em que cresce o poder da estirpe, na medida em que ela mesma se torna mais vitoriosa, independente, venerada e temida. Não ao contrário! E todo passo para o debilitamento da estirpe, todo acaso infeliz, todos os indícios de degeneração, de desagregação iminente, *diminuem* o medo do espírito de seu fundador, oferecendo uma imagem cada vez mais pobre de sua sagacidade, de sua previdência e da presença do seu poder. Imaginemos essa crua espécie de lógica conduzida até o fim: os ancestrais das estirpes *mais poderosas* deverão afinal, por força da fantasia do temor crescente, assumir proporções gigantescas e desaparecer na treva de uma dimensão divina inquietante e inconcebível — o ancestral termina necessariamente transfigurado em *deus*. Talvez esteja nisso a origem dos deuses, uma origem no *medo*, portanto!... E quem acreditasse ser preciso acrescentar: "e também na piedade!" dificilmente teria razão quanto ao período mais longo da espécie humana, a sua era pré-histórica. Mas estaria certo com relação à era *intermediária*, quando se formam as estirpes *nobres* — as quais realmente restituíram com juros, a seus criadores, seus ancestrais (deuses, heróis), as qualidades que nesse meio tempo se haviam tornado evidentes nelas mesmas, as qualidades nobres. Sobre o enobrecimento e aristocratização dos deuses (o que não significa absolutamente a sua "santificação") teremos algo a dizer mais adiante; no momento devemos conduzir a um termo provisório esse processo da evolução da consciência de culpa.

20. Como mostra a história, a consciência de ter dívidas para com a divindade não se extinguiu após o declínio da forma de organização da "comunidade" baseada nos vínculos de sangue; do mesmo modo como herdou as noções "bom" e "ruim" da nobreza de estirpe (juntamente com o seu fundamental pendor psicológico a estabelecer hierarquias), a humanidade recebeu, com a herança das divindades tribais e familiares, também o peso das dívidas ainda não pagas, e o anseio de resgatar-se. (A transição é marcada por aquelas vastas populações de escravos e servos da gleba, que se adaptaram ao culto dos deuses dos senhores, seja através da coerção, seja por servilismo e *mimicry* [imitação]: a partir delas esse legado se alastrou em todas as direções.) O sentimento de culpa em relação à divindade não parou de crescer durante milênios, e sempre na mesma razão em que nesse mundo cresceram e foram levados às alturas o conceito e o sentimento de Deus. (Toda a história de luta, vitória, conciliação e fusão étnica, tudo o que antecede a definitiva hierarquização de todos os elementos populares, em toda grande síntese racial, reflete-se no caos das genealogias dos deuses, nas sagas de suas lutas, vitórias e conciliações; o progresso em direção a impérios universais é também o progresso em direção a divindades universais; o despotismo, com seu triunfo sobre a nobreza independente, sempre abre o caminho para algum monoteísmo.) O advento do Deus cristão, o deus máximo até agora alcançado, trouxe também ao mundo o máximo de sentimento de culpa. Supondo que tenhamos embarcado na direção *contrária*, com uma certa probabilidade se poderia deduzir, considerando o irresistível declínio da fé no Deus cristão, que já agora se verifica um considerável declínio da consciência de culpa do homem; sim, não devemos inclusive rejeitar a perspectiva de que a vitória total e definitiva do ateísmo possa livrar a humanidade desse sentimento de estar em dívida com seu começo, sua *causa prima* [causa primeira]. O ateísmo e uma espécie de *segunda inocência*[63] são inseparáveis. —

21. Em linhas gerais, e de modo breve, é o que tinha momentaneamente a dizer acerca do nexo entre as noções de "culpa", "dever",[64] e seus pressupostos religiosos: intencionalmente deixei até agora de lado a moralização desses conceitos (seu afundamento na consciência, de maneira mais precisa, o entrelaçamento da má consciência com a noção de Deus), e no final da seção anterior falei até como se esta moralização não existisse, como se essas noções estivessem no fim, depois de acabado o seu pressuposto, a crença em nosso "credor", em Deus. A realidade diverge disso de uma maneira terrível. Com a moralização das noções de culpa e dever, com seu afundamento na *má* consciência, houve a tentativa de *inverter* a direção do desenvolvimento acima descrito, ou ao menos de deter o seu movimento: justamente a perspectiva de um resgate definitivo *deve* se encerrar, de modo pessimista, de uma vez por todas; o olhar deve se chocar e recuar desconsolado, ante uma impossibilidade férrea; as noções de culpa e dever devem se voltar para trás — contra *quem*? Não se pode duvidar: primeiramente contra o "devedor", no qual a má consciência de tal modo se enraíza, corroendo e crescendo para todos os lados como um pólipo, que, por fim, com a impossibilidade de pagar a dívida, se concebe também a impossibilidade da penitência, a ideia de que não se pode realizá-la (o "castigo *eterno*"); mas finalmente se voltam até mesmo contra o "credor": recordemos a *causa prima* do homem, o começo da espécie humana, o seu ancestral, que passa a ser amaldiçoado ("Adão", "pecado original", "privação do livre-arbítrio"), ou a natureza, em cujo seio surge o homem, e na qual passa a ser localizado o princípio mau ("demonização da natureza"), ou a própria existência, que resta como algo *em si sem valor* (afastamento niilista da vida, anseio do Nada, ou anseio do "contrário", de um Ser-outro, budismo e similares) — até que subitamente nos achamos ante o expediente paradoxal e horrível no qual a humanidade atormentada encontrou um alívio momentâneo, aquele golpe de gênio do *cristianismo*: o próprio Deus se sacrificando pela culpa dos homens, o próprio Deus pagando a si mesmo, Deus como o único que pode redimir o homem daquilo que para o próprio homem se tornou irredimível — o credor se sacrificando por seu devedor, por *amor* (é de se dar crédito?), por amor a seu devedor!...

22. Já terão adivinhado o que realmente se passou com tudo isso, e *sob* tudo isso: essa vontade de se torturar, essa crueldade reprimida[65] do bicho-homem interiorizado, acuado dentro de si mesmo, aprisionado no "Estado" para fins de domesticação, que inventou a má consciência para se fazer mal, depois que a saída *mais natural* para esse querer-fazer-mal fora bloqueada — esse homem da má consciência se apoderou da suposição religiosa para levar seu automartírio à mais horrenda culminância. Uma dívida para com *Deus*: este pensamento tornou-se para ele um instrumento de suplício. Ele apreende em "Deus" as últimas antíteses que chega a encontrar para seus autênticos insuprimíveis instintos animais, ele reinterpreta esses instintos como culpa em relação a Deus (como inimizade, insurreição, rebelião contra o "Senhor", o "Pai", o progenitor e princípio do mundo), ele se retesa na contradição "Deus" e "Diabo", todo o Não que diz a si, à natureza, naturalidade, realidade do seu ser, ele o projeta fora de si como um Sim, como algo existente, corpóreo, real, como Deus, como santidade de Deus, como Deus juiz, como Deus verdugo, como Além, como eternidade, como tormento sem fim, como Inferno, como incomensurabilidade do castigo e da culpa. Há uma espécie de loucura da vontade, nessa crueldade psíquica, que é simplesmente sem igual: a *vontade* do homem de sentir-se culpado e desprezível, até ser impossível a expiação, sua *vontade* de crer-se castigado, sem que o castigo possa jamais equivaler à culpa, sua *vontade* de infectar e envenenar todo o fundo das coisas com o problema do castigo e da culpa, para de uma vez por todas cortar para si a saída desse labirinto de "ideias fixas", sua *vontade* de erigir um ideal — o do "santo Deus" — e em vista dele ter a certeza tangível de sua total indignidade. Oh, esta insana e triste besta que é o homem! Que coisas não lhe ocorrem, que desnatureza, que paroxismos do absurdo, que *bestialidade da ideia* não irrompe de imediato, quando é impedida, apenas um pouco, de ser *besta na ação*!... Tudo isso é sumamente interessante, mas também de uma negra, sombria e enervante tristeza, de modo que devemos nos proibir severamente de olhar por longo tempo esses abismos. Aqui há *doença*, sem qualquer dúvida, a mais terrível doença que jamais devastou o homem — e quem ainda consegue ouvir (mas hoje não há ouvidos para isso!) como nessa noite de tormenta e absurdo ressoou o grito de *amor*, o grito do mais sequioso êxtase, da salvação *no amor*, voltará as costas, tomado de horror invencível... Há tanta coisa horrível no homem!... Já por muito tempo a terra foi um hospício!...

23. Isto deve bastar, de uma vez por todas, acerca da origem do "santo Deus". — Que *em si* a concepção de deuses não conduz necessariamente a essa depravação da fantasia que tivemos de considerar por um instante, que existem maneiras *mais nobres* de se utilizar a invenção de deuses, que não seja para essa violação e autocrucifixão do homem, na qual os últimos milênios europeus demonstraram sua mestria — isto se pode felizmente concluir, a todo olhar lançado aos *deuses gregos*, esses reflexos de homens nobres e senhores de si, nos quais o *animal* no homem se sentia divinizado e não se dilacerava, não se enraivecia consigo mesmo! Por muito e muito tempo, esses gregos se utilizaram dos seus deuses precisamente para manter afastada a "má consciência", para poder continuar gozando a liberdade da alma: uso contrário, portanto, ao que o cristianismo fez do seu Deus. Nisso eles foram *bem longe*, essas crianças magníficas e leoninas; e uma autoridade não menor que a do próprio Zeus homérico lhes dá a entender, vez por outra, que eles tornam as coisas fáceis demais para si mesmos. "Estranho", diz ele numa ocasião — trata-se do caso de Egisto,[66] um caso bastante grave —

"Estranho, como se queixam dos deuses os mortais!
Apenas de nós vêm seus males, acreditam; mas são eles
Que por insensatez, e mesmo contra o destino, causam o [infortúnio."

Mas aí se pode ver e ouvir que também esse juiz e espectador olímpico está longe de se aborrecer com os homens ou deles pensar mal: "como são *loucos*!" é o que pensa, ao observar os malfeitos dos mortais — e "loucura", "insensatez", um pouco de "perturbação na cabeça", tudo isso *admitiam* de si mesmos até os gregos da era mais forte e mais valente, como motivo de muita coisa ruim e funesta — loucura e *não* pecado! Vocês compreendem?... Mas mesmo essa perturbação era um problema — "como é possível? como pôde isto acontecer a cabeças como as *nossas*, nós, de ascendência aristocrática, homens afortunados, bem constituídos, da melhor sociedade, de nobreza e virtude?" — assim se perguntou durante séculos o grego nobre, em face das atrocidades e cruezas incompreensíveis com que um de seus iguais se havia maculado. "Um *deus* deve tê-lo enlouquecido", dizia finalmente a si mesmo, balançando a cabeça... Esta saída é *típica* dos gregos... Dessa maneira os deuses serviam para, até certo ponto, justificar o homem também na ruindade; serviam como causas do mal — naquele tempo eles não tomavam a si o castigo, e sim, o que é *mais nobre*, a culpa...

24. — Concluo com três interrogações, como bem se vê. "O que ocorre exatamente, você está erguendo ou demolindo um ideal?", talvez me perguntem... Mas nunca se perguntaram realmente a si mesmos quanto custou nesse mundo a construção de cada ideal? Quanta realidade teve de ser denegrida e negada, quanta mentira teve de ser santificada, quanta consciência transtornada, quanto "Deus" sacrificado? Para se erigir um santuário, *é preciso antes destruir um santuário*: esta é a lei — mostrem-me um caso em que ela não foi cumprida!... Nós, homens modernos, somos os herdeiros da vivissecção de consciência e da autoexperimentação[67] de milênios: é o nosso mais longo exercício, talvez nossa vocação artística, sem dúvida nosso refinamento, nossa perversão do gosto. Já por tempo demais o homem considerou suas propensões naturais com "olhar ruim", de tal modo que elas nele se irmanaram com a "má consciência". Uma tentativa inversa é *em si* possível — mas quem é forte o bastante para isso? — ou seja, as propensões *inaturais*, todas essas aspirações ao Além, ao que é contrário aos sentidos, aos instintos, à natureza, ao animal, em suma, os ideais até agora vigentes, todos ideais hostis à vida, difamadores do mundo, devem ser irmanados à má consciência. A quem se dirigir atualmente com tais esperanças e pretensões?... Teríamos contra nós precisamente os homens *bons*; e também, é claro, os cômodos, os conciliados, os vãos, os sentimentais, os cansados... O que ofende mais fundo, o que separa mais radicalmente, do que deixar perceber o rigor e a elevação com que se trata a si mesmo? Por outro lado — como se mostra afável, como se mostra afetuoso o mundo, tão logo fazemos como todo mundo e nos "deixamos levar" como todo mundo!... Para aquele fim seria preciso uma *outra* espécie de espíritos, diferentes daqueles prováveis nesse tempo: espíritos fortalecidos por guerras e vitórias, para os quais a conquista, o perigo e a dor se tornaram até mesmo necessidade; seria preciso estar acostumado ao ar cortante das alturas, a caminhadas invernais, ao gelo e aos cumes, em todo sentido; seria preciso mesmo uma espécie de sublime maldade, uma última, securíssima petulância do conhecimento, própria da grande saúde, seria preciso, em suma e infelizmente, essa mesma *grande saúde*!... Seria ela sequer possível agora?... Algum dia, porém, num tempo mais forte do que esse presente murcho, inseguro de si mesmo, ele virá, o homem redentor, o homem do grande amor e do grande desprezo, o espírito criador cuja força impulsora afastará sempre de toda transcendência e toda insignificância, cuja solidão será mal compreendida pelo povo, como se fosse fuga *da* realidade — quando será apenas a sua imersão, absorção, penetração *na* realidade, para que, ao retornar à luz do dia, ele possa trazer a *redenção* dessa realidade: sua redenção da maldição que o ideal existente sobre ela lançou. Esse homem do futuro, que nos salvará não só do ideal vigente, como daquilo que *dele forçosamente nasceria*, do grande nojo, da vontade de nada, do niilismo, esse toque de sino do meio-dia e da grande decisão, que torna novamente livre a vontade, que devolve à terra sua finalidade e ao homem sua esperança, esse anticristão[68] e antiniilista, esse vencedor de Deus e do nada — *ele tem que vir um dia*...

25. — Mas que estou a dizer? Basta! Basta! Neste ponto não devo senão calar: caso contrário estaria me arrogando o que somente a um mais jovem se consente, a um "mais futuro", um mais forte do que eu — o que tão só a Zaratustra se consente, *a Zaratustra, o ateu*...

Terceira dissertação
O QUE SIGNIFICAM IDEAIS ASCÉTICOS?

Descuidados, zombeteiros, violentos — assim nos quer a sabedoria: ela é uma mulher, ela ama somente um guerreiro.[69]

Assim falou Zaratustra

1. O que significam ideais ascéticos? — Para os artistas nada, ou coisas demais; para os filósofos e eruditos, algo como instinto e faro para as condições propícias a uma elevada espiritualidade; para as mulheres, no melhor dos casos um encanto *mais* de sedução, um quê de *morbidezza* na carne bonita, a angelicidade de um belo e gordo animal; para os fisiologicamente deformados e desgraçados (a *maioria* dos mortais) uma tentativa de ver-se como "bons demais" para este mundo, uma forma abençoada de libertinagem, sua grande arma no combate à longa dor e ao tédio; para os sacerdotes, a característica fé sacerdotal, seu melhor instrumento de poder, e "suprema" licença de poder; para os santos, enfim, um pretexto para a hibernação, sua *novissima gloriae cupido* [novíssima cupidez de glória], seu descanso no nada ("Deus"), sua forma de demência. Porém, no fato de o ideal ascético haver significado tanto para o homem se expressa o dado fundamental da vontade humana, o seu *horror vacui* [horror ao vácuo]: *ele precisa de um objetivo* — e preferirá ainda *querer o nada a nada querer.* — Compreendem?... Fui compreendido?... "*Absolutamente não, caro Senhor!*" — Então comecemos do início.

2. O que significam ideais ascéticos? — Ou, tomando um caso individual, acerca do qual frequentemente me pedem opinião, o que significa, por exemplo, um artista como Richard Wagner render homenagem à castidade em sua velhice? É verdade que num certo sentido ele sempre o fez; mas apenas bem no final em um sentido ascético. O que significa esta mudança de "senso", esta radical reviravolta do senso? — pois isto é o que foi: Wagner virou o seu oposto. O que significa um artista virar seu oposto?... Aqui, fazendo uma breve pausa nesta pergunta, de imediato nos vem à lembrança o melhor, mais forte, mais alegre, *mais valente* período que houve talvez na vida de Wagner: quando a ideia do casamento de Lutero o absorvia profundamente. Quem sabe a que acaso se deve que hoje tenhamos os *Mestres cantores*, em vez dessa música nupcial? E quanto desta ainda ressoa naquela? Mas, não há dúvida, também este "Casamento de Lutero"[70] seria um elogio da castidade. Todavia, também um elogio da sensualidade — e assim me pareceria em ordem, assim seria "wagneriano". Pois entre castidade e sensualidade não há oposição necessária; todo bom casamento, todo verdadeiro caso amoroso está além dessa oposição. Wagner teria feito bem, me parece, chamando uma vez mais, por meio de uma graciosa e ousada comédia com Lutero, a atenção de seus alemães para esta verdade *agradável*, pois entre os alemães há e houve sempre muitos detratores da sensualidade; e o mérito de Lutero consistiu talvez em simplesmente haver tido a coragem de sua *sensualidade* (— que então era chamada, delicadamente, de "liberdade evangélica"...). Mesmo no caso em que há realmente oposição entre castidade e sensualidade, ela felizmente não precisa ser uma oposição trágica. Isto deveria ao menos valer para todos os mortais mais bem logrados de corpo e espírito, que estão longe de colocar seu frágil equilíbrio de "animal e anjo" entre os argumentos contra a existência — os mais finos e lúcidos, como Goethe, como Hafiz,[71] enxergaram nisso até mesmo um estímulo *mais* para viver. Tais "contradições" precisamente são o que nos seduz a existir... Por outro lado, compreende-se muito bem que quando desgraçados suínos são levados a adorar a castidade — e existem tais suínos! —, eles verão e adorarão nela apenas o seu oposto, o oposto do suíno desgraçado — com que trágico grunhido e com que ardor, pode-se imaginar! —, aquela oposição penosa e supérflua, que ainda no fim da vida Richard Wagner quis inegavelmente pôr em música e levar ao palco. *Mas para quê?* — pode-se razoavelmente perguntar. Pois que tinha ele, que temos nós a ver com suínos? —

3. Mas com isto não há como fugir a esta outra questão: que tinha ele realmente a ver com este viril (oh, tão pouco viril) "inocente de aldeia", este pobre diabo e filho da natureza, Parsifal, por ele afinal feito católico com meios tão capciosos — como? este Parsifal foi *a sério*? Pois seríamos tentados a supor e mesmo desejar o contrário — que o Parsifal de Wagner tenha sido brincadeira, como que epílogo e drama satírico, com o qual o trágico Wagner quis despedir-se de nós, de si mesmo, sobretudo *da tragédia*, de um modo para ele apropriado e dele digno, ou seja, com um excesso da mais elevada e deliberada paródia do trágico mesmo, de toda a horrível seriedade e desolação terrena de outrora, da *mais crua forma* da antinatureza do ideal ascético, enfim superada. Isto, como disse, teria sido propriamente digno de um grande trágico: o qual, como todo artista, somente então chega ao cume de sua grandeza, ao ver a si mesmo e à sua arte como *abaixo* de si — ao *rir* de si mesmo. Seria o Parsifal de Wagner o seu secreto riso de superioridade sobre si, o triunfo da sua conquistada, última e mais elevada liberdade de artista, transcendência de artista? Gostaríamos de desejá-lo, como disse; pois o que seria um Parsifal nascido da seriedade? É realmente necessário ver nele (como me foi dito) "o rebento de um ensandecido ódio ao conhecimento, ao espírito e à sensualidade"? Uma maldição aos sentidos e ao espírito em *um* hausto de ódio? Uma apostasia e um retorno a ideais cristão-mórbidos e obscurantistas? E por fim até mesmo negação e cancelamento de si mesmo, por parte de um artista que com todo o poder da sua vontade até então perseguira o oposto, ou seja, a mais alta *espiritualização* e *sensualização* da sua arte? E não só da sua arte: também da sua vida. Recorde-se o entusiasmo com que uma vez Wagner seguiu as pegadas do filósofo Feuerbach:[72] a expressão feuerbachiana "sensualidade sadia" — nos anos 30 e 40 isto soava para

Wagner, e para muitos alemães (— eles se denominavam "jovens alemães"), como a própria palavra da Salvação. Teria ele afinal *desaprendido* isso? Ao menos parece que no fim ele teve a vontade de *desensinar* isso... E não apenas com as trombetas de Parsifal, de cima do palco — em seus escritos dos últimos anos, opacos, tão acanhados quanto perplexos, há uma centena de passagens que traem um desejo secreto, uma vontade timorata, insegura, inconfessa, de pregar o que seja retorno, conversão, negação, cristianismo, medievo, e de dizer a seus discípulos "não é nada! busquem a salvação em outra parte!". Até o "sangue do Salvador" chega a ser invocado...

4. Num caso como este, que muito tem de penoso — e é um caso *típico* —, devo expressar minha opinião: o melhor é certamente separar o artista da obra, a ponto de não tomá-lo tão seriamente como a obra. Afinal, ele é apenas a precondição para a obra, o útero, o chão, o esterco e adubo no qual e do qual ela cresce — e assim, na maioria dos casos algo que é preciso esquecer, querendo-se desfrutar a obra mesma. A inquirição sobre a *origem* de uma obra concerne aos fisiólogos e vivissecionistas do espírito: jamais absolutamente aos seres estéticos, aos artistas! O poeta e criador do Parsifal conheceu uma profunda, radical, mesmo terrível identificação e inclinação a conflitos de alma medievais, um hostil afastamento de toda elevação, disciplina e severidade do espírito, uma espécie de *perversidade* intelectual (se me permitem a palavra), tanto quanto uma mulher grávida conhece os desgostos e caprichos da gravidez: os quais, como disse, devem ser *esquecidos*, para se desfrutar a criança. Devemos nos guardar da confusão em que, por *contiguity* [contiguidade] psicológica, para falar como os ingleses, um artista cai facilmente: como se ele mesmo fosse o que é capaz de representar, conceber, exprimir. Na verdade, se ele o fosse, não o poderia representar, conceber, exprimir; um Homero não teria criado um Aquiles, um Goethe não teria criado um Fausto, se Homero tivesse sido um Aquiles, e Goethe um Fausto. Um artista inteiro e consumado está sempre divorciado do "real", do efetivo;[73] por outro lado, compreende-se que ele às vezes possa cansar-se desesperadamente dessa eterna "irrealidade" e falsidade de sua existência mais íntima — e faça então a tentativa de irromper no que lhe é mais proibido, no real, a tentativa de ser real. Com que êxito? Fácil adivinhar... Eis a *típica veleidade* do artista: a mesma veleidade a que sucumbiu o velho Wagner, e pela qual teve de pagar preço tão alto, tão fatal (custou-lhe a parte preciosa de suas amizades). Mas enfim, à parte essa veleidade, quem não desejaria, em consideração ao próprio Wagner, que ele houvesse se despedido de nós e de sua arte *de outro modo*, não com um Parsifal, e sim mais vitorioso, mais seguro de si, mais wagneriano — menos enganador, menos schopenhaueriano, menos niilista?...

5. — O que significam então ideais ascéticos? No caso de um artista, já o compreendemos: *nada absolutamente*!... Ou tantas coisas, que resultam em nada!... Eliminemos de imediato os artistas: eles estão longe de se colocar independentemente no mundo, e *contra* o mundo, para que as suas avaliações, e a mudança delas, mereçam *em si* interesse! Eles sempre foram os criados de quarto de uma religião, uma filosofia, uma moral; sem contar que, infelizmente, não raro foram dóceis cortesãos de seus seguidores e patronos, e sagazes bajuladores de poderes antigos, ou poderes novos e ascendentes. Ao menos necessitam sempre de uma proteção, um amparo, uma autoridade estabelecida: os artistas não se sustentam por si sós, estar só vai de encontro a seus instintos mais profundos. Foi assim, por exemplo, que Richard Wagner tomou o filósofo Schopenhauer, quando "o tempo era chegado", como sua anteguarda, sua proteção — quem poderia sequer imaginar que ele teria a *coragem* para um ideal ascético, sem o amparo que a filosofia de Schopenhauer lhe ofereceu, sem a autoridade de Schopenhauer, *predominante* na Europa dos anos 70? (Ainda não considerando se na *nova* Alemanha poderia ter havido um artista sem o leite do modo de pensar devoto, devoto do Reich.)[74] — E com isso chegamos à questão mais séria: o que significa um verdadeiro *filósofo* render homenagem ao ideal ascético, um espírito realmente assentado em si mesmo como Schopenhauer, um homem e cavaleiro de olhar de bronze, que tem a coragem de ser ele mesmo, que sabe estar só, sem esperar por anteguardas e indicações vindas do alto? — Examinemos aqui a curiosa, e para certos tipos de gente fascinante, posição de Schopenhauer diante da *arte*: pois, evidentemente, foi sobretudo graças a ela que Richard Wagner passou para o lado de Schopenhauer (como se sabe, convencido por um poeta, Herwegh),[75] e isso ao ponto de fazer surgir uma contradição teórica entre a sua crença estética inicial e a posterior — a primeira expressa, por exemplo, em *Ópera e drama*, a última nos textos que publicou a partir de 1870. Em especial, e o que talvez mais surpreenda, Wagner modificou rudemente seu juízo sobre o valor e o status da *música* mesma: que lhe importava que até então tivesse feito dela um meio, um *medium*, uma "mulher" que para crescer necessitava absolutamente de um fim, um homem — isto é, o drama! Compreendeu de imediato que com a teoria e a inovação de Schopenhauer podia-se fazer mais *in majorem musicae gloriam* [para maior glória da música] — isto é, com a *soberania* da música, tal como Schopenhauer a compreendia: a música separada de todas as demais artes, a arte independente em si, *não*, como as outras, oferecendo imagens da fenomenalidade, mas falando a linguagem da vontade mesma, diretamente do "abismo", como sua revelação mais própria, mais primordial, mais imediata. Com essa extraordinária elevação do valor da música, que parecia decorrer da filosofia schopenhaueriana, também a cotação do *músico* subiu prodigiosamente: tornou-se um oráculo, um sacerdote, mais que um sacerdote, uma espécie de porta-voz do "em-si" das coisas, um telefone do além — já não falava apenas música, esse ventríloquo de Deus — falava metafísica: como admirar que um dia falasse em ideais *ascéticos*?...

6. Schopenhauer fez uso da concepção kantiana do problema estético — embora certamente não o contemplasse com olhos kantianos. Kant imaginava prestar honras à arte, ao dar preferência e proeminência, entre os predicados do belo, àqueles que constituem a honra do conhecimento: impessoalidade e universalidade. Este não é o lugar de discutir se isto não foi essencialmente um erro; quero apenas sublinhar que Kant, como todos os filósofos, em vez de encarar o problema estético a partir da experiência do artista (do criador), refletiu sobre a arte e o belo apenas do ponto de vista do "espectador", e assim incluiu, sem perceber, o próprio "espectador" no conceito de "belo". Se ao menos esse "espectador" fosse bem conhecido dos filósofos do belo! — conhecido como uma grande realidade e experiência *pessoal*, como uma pletora de vivências fortes e singularíssimas, de desejos, surpresas, deleites no âmbito do belo! Mas receio que sempre ocorreu o contrário; e assim recebemos deles, desde o início, definições em que, como na famosa definição que Kant oferece do belo, a falta de uma mais sutil experiência pessoal aparece na forma de um grande verme de erro. "Belo", disse Kant, "é o que agrada *sem interesse*." Sem interesse! Compare-se esta definição com uma outra, de um verdadeiro "espectador" e artista — Stendhal, que em um momento chama o belo de *une promesse de bonheur* [uma promessa de felicidade].[76] Nisso é rejeitado e eliminado precisamente aquilo que Kant enfatiza na condição estética: *le désintéressement*. Quem tem razão, Kant ou Stendhal? — É certo que se nossos estetas não se cansam de argumentar, em favor de Kant, que sob o fascínio da beleza podemos contemplar "sem interesse" *até mesmo* estátuas femininas despidas, então nos será permitido rir um pouco à sua custa — as experiências dos *artistas* são, neste ponto delicado, mais "interessantes", e Pigmalião,[77] em todo caso, não foi necessariamente um "homem inestético". Tenhamos uma opinião mais alta da inocência de nossos estetas que é refletida em tais argumentos; creditemos em honra de Kant, por exemplo, o que nos ensina sobre a peculiaridade do tato, com a ingenuidade de um pastor de aldeia! — E aqui voltamos a Schopenhauer, que teve com as artes uma aproximação maior do que Kant, e no entanto permaneceu na órbita da definição kantiana: como aconteceu isto? O fato é bem curioso: ele interpretou a expressão "sem interesse" da maneira mais pessoal, a partir de uma experiência que para ele devia ser das mais regulares. Sobre poucas coisas Schopenhauer fala de modo tão seguro como sobre o efeito da contemplação estética: para ele, ela age precisamente contra o interesse *sexual*, assim como lupulina e cânfora; ele nunca se cansou de exaltar *esta* libertação da "vontade" como a grande vantagem e utilidade do estado estético. Seríamos mesmo tentados a perguntar se a sua concepção básica de "vontade e representação", o pensamento de que uma salvação da "vontade" é possível somente através da "representação", não teve origem numa generalização dessa experiência sexual. (Em todas as questões relativas à filosofia de Schopenhauer, diga-se de passagem, não se deve perder de vista que ela é concepção de um jovem de 26 anos; de sorte que não participa apenas do que é específico de Schopenhauer, mas também do que é específico dessa idade da vida.) Escutemos, por exemplo, uma das mais explícitas passagens, entre as muitas que escreveu em louvor do estado estético (*O mundo como vontade e representação*, III, seção 38), escutemos o tom, o sofrimento, a felicidade, a gratidão com que foram ditas estas palavras: "Esse é o estado sem dor que Epicuro louvava como bem supremo e estado dos deuses; por um momento nos subtraímos à odiosa pressão da vontade, celebramos o sabá da servidão do querer, a roda de Íxion se detém...". Que veemência das palavras! Que imagens de tormenta e de longo desgosto! Que contraposição quase patológica entre "um momento" e a "roda de Íxion",[78] a "servidão do querer", a "odiosa pressão da vontade"! — Mas supondo que Schopenhauer tivesse mil vezes razão no que toca à sua pessoa, que se ganharia com isso para a compreensão da natureza do belo? Schopenhauer descreveu *um* efeito do belo, o efeito acalmador da vontade — será ele regular? Stendhal, como vimos, natureza não menos sensual, mas de constituição mais feliz que Schopenhauer, destaca outro efeito do belo: "o belo *promete* felicidade"; para ele, o que ocorre parece ser precisamente a *excitação da vontade* ("do interesse") através do belo. E não se poderia, por fim, objetar a Schopenhauer mesmo que ele errou em se considerar kantiano neste ponto, que de modo algum compreendeu kantianamente a definição kantiana do belo — que também a ele lhe agrada o belo por "interesse", inclusive pelo mais forte e mais pessoal interesse, o do torturado que se livra de sua tortura?... E, para voltar à nossa primeira questão, "que *significa* um filósofo render homenagem ao ideal ascético?", eis aqui ao menos uma primeira indicação: ele quer *livrar-se de uma tortura*. —

7. Guardemo-nos de fazer uma expressão sombria, ao ouvir a palavra "tortura": precisamente neste caso há muito a descontar, muito a subtrair — há inclusive do que rir. Sobretudo não subestimemos o fato de que Schopenhauer, que tratava realmente como inimigo pessoal a sexualidade (incluindo seu instrumento, a mulher, este *instrumentum diaboli* [instrumento do diabo]), *necessitava* de inimigos para ficar de bom humor; o fato de que amava as palavras furiosas, biliosas e de cor escura; de que se enraivecia por se enraivecer, por paixão; de que teria ficado doente, teria se tornado um *pessimista* (— o que não era, por mais que o desejasse) sem os seus inimigos, sem Hegel, sem a mulher, a sensualidade e toda a vontade de existência, de permanência. De outro modo ele não teria permanecido, pode-se apostar, ele teria escapado: mas seus inimigos o retiveram, seus inimigos sempre o seduziram à existência, sua cólera era, como para os cínicos da Antiguidade, seu bálsamo, seu descanso, sua compensação, seu remédio contra o nojo, sua *felicidade*. Isto quanto ao mais pessoal no caso de Schopenhauer; por outro lado, encontra-se nele também algo típico — e aqui voltamos ao nosso problema. Existe incontestavelmente, desde que há filósofos na terra, e em toda parte onde houve filósofos (da Índia à Inglaterra, para tomar os dois polos opostos da aptidão para a filosofia), peculiar irritação e rancor dos filósofos contra a sensualidade — Schopenhauer é apenas a sua mais eloquente e, tendo-se ouvidos para isso, a sua mais cativante e arrebatadora erupção —; existe igualmente uma peculiar parcialidade e afeição dos filósofos pelo ideal ascético, sobre isso e diante disso não há como se iludir. Ambas as coisas pertencem, como se disse, ao tipo; se faltam num filósofo, ele é apenas — tenha-se a certeza — um "por assim dizer". Que *significa* isto? Pois é preciso interpretar este fato: *em si* ele está aí, estúpido em toda a eternidade, como toda "coisa em si". Todo animal, portanto também *la bête philosophe* [besta filósofo], busca instintivamente um *optimum* de condições favoráveis em que possa expandir inteiramente a sua força e alcançar o seu máximo de sentimento de poder; todo animal, também instintivamente e com uma finura dos sentidos que está "acima de toda razão", tem horror a toda espécie de intrusões e obstáculos que se colocam ou poderiam colocar-se em seu caminho para o *optimum* (— não falo do caminho para a "felicidade", mas do caminho para o poder, para o ato, para a mais poderosa atividade, na maioria dos casos, realmente, seu caminho para a infelicidade). De tal maneira o filósofo tem horror ao *casamento*, e a tudo o que a ele poderia conduzir — o casamento como obstáculo e fatalidade em seu caminho para o *optimum*. Qual grande filósofo foi casado? Heráclito, Platão, Descartes, Spinoza, Leibnitz, Kant, Schopenhauer não o foram; mais ainda, não podemos sequer *imaginá-los* casados. Um filósofo casado é coisa *de comédia*, eis minha tese; e aquela exceção, Sócrates — o malicioso Sócrates parece ter-se casado *ironice* [por ironia], justamente para demonstrar essa tese. Qualquer filósofo falaria como Buda certa vez, ao lhe anunciarem o nascimento de um filho: "Nasceu-me Râhula, um grilhão foi forjado para mim" (Râhula significa aí "um pequeno demônio"); para todo "espírito livre" deveria chegar uma hora de reflexão, supondo que tivesse tido antes uma hora irrefletida, como uma vez ocorreu ao próprio Buda — "estreita e opressiva", pensou consigo, "é a vida no lar, local de impureza; a liberdade consiste em abandonar o lar": "e, assim pensando, abandonou-o". No ideal ascético são indicadas tantas pontes para a *independência*, que um filósofo não consegue ouvir sem júbilo e aplauso interior a história desses homens resolutos que um dia disseram Não a toda servidão e foram para um *deserto* qualquer: mesmo supondo que tenham sido apenas grandes asnos e o inteiro oposto de um grande espírito. Que significa então o ideal ascético para um filósofo? Minha resposta é — já se terá percebido: o filósofo sorri ao seu encontro, como a um *optimum* das condições da mais alta e ousada espiritualidade — ele não nega com isso "a existência", antes afirma a *sua* existência, *apenas* a sua existência, e isso talvez ao ponto de não lhe ser estranho este desejo perverso: *pereat mundus*, *fiat philosophia*, *fiat philosophus*, *fiam!*... [pereça o mundo, faça-se a filosofia, faça-se o filósofo, faça-se eu!]

8. Vê-se que não são juízes e testemunhas imparciais do valor do ideal ascético, esses filósofos! Eles pensam *em si* — que lhes importa "o santo"! Pensam no que lhes é mais indispensável: estar livre de coerção, perturbação, barulho, negócios, deveres, preocupações; lucidez na cabeça; dança, salto e voo do pensamento; um bom ar, fino, claro, livre, seco, como é o ar das alturas, em que todo animal torna-se mais espiritual e recebe asas; paz em todos os subterrâneos; todos os cães bem amarrados à corrente; nenhum latido de inimizade e de cerdoso rancor; nenhum verme roedor de ambição ferida; vísceras modestas e submissas, diligentes como moinhos, mas distantes; o coração alheio, além, futuro, póstumo — em suma, eles pensam no ideal ascético como o jovial ascetismo de um bicho que se tornou divino e ao qual nasceram asas, que antes flutua sobre a vida do que nela pousa. Sabe-se quais as três palavras de pompa do ideal ascético: humildade, pobreza, castidade; observemos de perto as vidas dos grandes espíritos fecundos e inventivos — todas as três serão sempre encontradas até certo grau. *Não*, entende-se, que sejam talvez "virtudes" suas — que tem essa espécie de homens a ver com virtudes! — mas as condições mais próprias e mais naturais de sua existência *melhor*, de sua fecundidade *mais bela*. Nisto, é bem possível que sua espiritualidade dominante tivesse primeiramente de pôr freios num orgulho indomável e suscetível e numa sensualidade caprichosa, ou que tivesse a custo mantido sua vontade de "deserto" diante de um pendor ao luxo e ao rebuscamento, e diante de uma pródiga liberalidade de mão e coração. Mas ela o fez, justamente como instinto *dominante*, que impôs suas exigências a todos os demais instintos — ela o faz ainda; não o fizesse, não dominaria. Não há nenhuma "virtude" nisso, portanto. De resto, o *deserto* de que falei, onde se retiram e se isolam os espíritos fortes, de feitio independente — oh, que outro aspecto tem, quando os homens cultos imaginam um deserto! — em ocasiões são eles mesmos o deserto, estes homens cultos. E é certo que os atores do espírito não suportariam absolutamente viver nele — para eles, está longe de ser suficientemente romântico e sírio, suficientemente teatral! É verdade que nele não faltam também os camelos: mas a isto se reduz toda a semelhança. Uma obscuridade voluntária, talvez; um evitar a si mesmo; uma aversão a barulho, veneração, jornais, influência; um emprego modesto, um cotidiano, algo que esconda mais do que exponha; ocasionalmente, contato com bichos e aves inofensivos e alegres, cuja visão distraia; montanhas como companhia, mas não mortas, e sim com *olhos* (ou seja, lagos); até mesmo um quarto numa pensão sempre lotada, onde se esteja seguro de ser confundido com outros, e de poder falar impunemente com qualquer um — isto é "deserto": oh, é solitário o bastante, creiam-me! Quando Heráclito retirou-se para os pátios e colunatas do grande templo de Artemis, este "deserto" era mais digno, admito: por que *nos faltam* hoje tais templos? (— talvez não nos faltem: penso em meu mais belo quarto de estudo, a *piazza di San Marco*, na primavera naturalmente, pela manhã, entre dez e doze horas). Mas aquilo a que Heráclito fugiu é ainda o mesmo que atualmente evitamos: o ruído e o palavrório democrático dos efésios, sua política, suas novidades do "Império" (a Pérsia, entenda-se), suas miudezas do "hoje" — pois nós, filósofos, necessitamos descanso de *uma* coisa sobretudo: do "hoje". Nós veneramos o que é tranquilo, frio, nobre, passado, distante, tudo aquilo em vista do qual a alma não tem de se defender e se encerrar — algo com que se pode falar sem elevar a voz. Ouça-se o timbre de um espírito quando fala: cada espírito tem seu timbre, ama-o. Aquele, por exemplo, deve ser um agitador, quer dizer, uma cabeça oca, vasilha oca:[79] o que quer que nele entre, sai opaco e amortecido, carregado do eco do grande vazio. Aquele outro quase sempre fala roucamente: teria enrouquecido *pensando*? É possível — pergunte-se aos fisiólogos —, mas quem pensa em *palavras*, pensa como orador e não como pensador (isto revela que ele não pensa as coisas, os objetos, não pensa objetivamente, mas apenas a propósito das coisas; que na verdade pensa em *si* e em seus ouvintes). Um terceiro é muito insistente, aproxima-se demais, seu hálito nos toca, involuntariamente fechamos a boca, embora nos fale através de um livro: o tom de seu estilo nos diz a razão — ele não tem tempo, ele mal crê em si mesmo, precisa falar hoje ou nunca. Mas um espírito seguro de si mesmo fala baixo; busca o ocultamento, deixa que esperem por ele. Reconhece-se um filósofo no fato de evitar três coisas que brilham e fazem barulho: a fama, os príncipes e as mulheres — o que não quer dizer que elas não o procurem. Ele receia a luz demasiado clara: por isso se resguarda de seu tempo, e do "dia" desse tempo. Nisto é como uma sombra: mais o sol se põe, maior ele fica. Quanto à sua "humildade", assim como suporta o escuro, suporta também uma certa dependência, um certo obscurecimento: mais ainda, ele teme ser incomodado pelo raio, recua ante a desproteção de uma árvore só e abandonada, na qual toda intempérie descarrega seu mau humor, todo mau humor sua intempérie. Seu instinto "maternal", o secreto amor ao que nele cresce, mostra-lhe situações em que é dispensado de pensar em si; no mesmo sentido em que até agora o instinto de mãe da mulher conservou a situação dependente da mulher. Em última instância exigem bem pouco esses filósofos, a sua máxima é: "quem possui é possuído" — isto, como tenho de repetir vez por outra, não por virtude, por uma meritória vontade de singeleza e moderação, mas porque o seu senhor supremo assim exige, prudente e inexoravelmente: ele tem em conta somente uma coisa, e apenas para ela junta e acumula tempo, energia, amor, interesse. Essa espécie de homem não gosta de ser perturbada por inimizades, tampouco por amizades; esquece ou despreza com facilidade. Parece-lhe mau gosto fazer-se de mártir;

"*sofrer* pela verdade" — isso deixa para os ambiciosos e heróis de palco do espírito, e para todos os que têm tempo para isso (— eles, os filósofos, têm algo a *fazer* pela verdade). Eles fazem pouco uso das grandes palavras; diz-se que mesmo a palavra "verdade" lhes repugna: soa grandiloquente... No que toca, por fim, à castidade dos filósofos, a fecundidade desse tipo de espírito está evidentemente em outra coisa que não crianças; também em outra parte deve estar a sobrevivência de seu nome, sua pequena imortalidade (ainda mais imodestamente falava-se, entre os filósofos da antiga Índia: "para que descendentes, para aquele cuja alma é o mundo?"). Nisso nada existe de castidade por um escrúpulo ascético ou ódio aos sentidos, como não há castidade quando um atleta ou um jóquei se abstém de mulheres: assim o deseja, nos períodos de gravidez ao menos, seu instinto dominante. Todo artista sabe como o coito tem efeito nocivo, nos estados de grande tensão e preparação espiritual; entre eles, os mais poderosos e mais seguros nos instintos não necessitam sequer da experiência, da má experiência, para sabê-lo — é o seu instinto "materno" que, em proveito da obra em formação, recorre inapelavelmente a todos os suplementos e reservas de força, de *vigor* da vida animal: a força maior *gasta* então a menor. — Interpretemos agora o caso de Schopenhauer, mencionado acima, conforme estas observações: evidentemente a visão do belo atuava nele como estímulo liberador da *força principal* de sua natureza (a força da reflexão e do olhar aprofundado); de modo que esta explodia e de imediato tomava conta da consciência. Com isso não se deve em absoluto excluir a possibilidade de que a peculiar doçura e plenitude própria do estado estético tenha origem precisamente no ingrediente "sensualidade" (assim como da mesma fonte vem o "idealismo" das moças núbeis) — de que, assim, a sensualidade não seja suspensa quando surge o estado estético, como acreditava Schopenhauer, mas apenas se transfigure e já não entre na consciência como estímulo sexual. (Voltarei uma outra vez a este ponto, com relação a problemas ainda mais delicados da até agora intocada, inexplorada *fisiologia da estética*.)

9. Um certo ascetismo, como vimos, uma dura e serena renúncia feita com a melhor vontade, está entre as condições propícias à mais elevada espiritualidade, e também entre as suas consequências mais naturais: não surpreende, portanto, que o ideal ascético tenha sido tratado pelos filósofos com alguma parcialidade. A um exame histórico sério, o laço entre ideal ascético e filosofia revela-se ainda mais estreito e sólido. Pode-se dizer que apenas nas *andadeiras* desse ideal a filosofia aprendeu a dar seus primeiros passinhos sobre a terra — ah, ainda tão desajeitada, de carinha tão aborrecida, tão pronta a cair e ficar deitada sobre o ventre, essa coisinha tímida e mimosa de pernas tortas! À filosofia sucedeu inicialmente o mesmo que a todas as coisas boas — por muito tempo não tiveram a coragem de ser elas mesmas, olhavam em torno de si, a ver se ninguém lhes vinha em auxílio, mais ainda, tinham medo de todos os que as miravam. Enumere-se os impulsos e virtudes dos filósofos — seu impulso de duvidar, seu impulso de negar, seu impulso de aguardar ("efético"), seu impulso de pesquisar, buscar, ousar, seu impulso de comparar, compensar, sua vontade de neutralidade e objetividade, sua vontade de tudo "*sine ira et studio*" [sem raiva e sem parcialidade] —: já se compreendeu que durante muitíssimo tempo tudo isso foi de encontro às exigências primeiras da moral e da consciência? (para não falar da razão mesma, que ainda Lutero gostava de chamar "*Fraw Klüglin die kluge Hur*" [Dona Sabida, a sábia puta]). E que um filósofo, chegando à consciência de si, teria que sentir-se simplesmente o "*nitimur in vetitum*"[80] encarnado — e em consequência se guardava de "sentir-se", de chegar à consciência?... Como disse, não foi diferente com todas as coisas boas de que hoje nos orgulhamos; ainda que medido com o metro dos antigos gregos, todo o nosso ser moderno, enquanto não é fraqueza, mas poder e consciência de poder, apresenta-se como pura híbris[81] e impiedade: pois precisamente as coisas opostas às que hoje veneramos tiveram durante muito tempo a consciência do seu lado, e Deus como seu guardião. Híbris é hoje nossa atitude para com a natureza, nossa violentação da natureza com ajuda das máquinas e da tão irrefletida inventividade dos engenheiros e técnicos; híbris é nossa atitude para com Deus, quero dizer, para com uma presumível aranha de propósito e moralidade por trás da grande tela e teia da causalidade — podemos dizer, como Carlos, o Temerário, em luta com Luís XI:[82] "*je combats l'universelle araignée*" [eu combato a aranha universal] —; híbris é nossa atitude para com *nós mesmos*, pois fazemos conosco experimentos que não nos permitiríamos fazer com nenhum animal, e alegres e curiosos vivisseccionamos nossa alma: que nos importa ainda a "salvação" da alma! Depois curamos a nós mesmos: estar doente[83] é instrutivo, não temos dúvida, ainda mais instrutivo que estar são — os que *tornam doente* nos parecem mesmo mais necessários do que homens de medicina e "salvadores". Violentamos a nós mesmos hoje em dia, não há dúvida, nós, tenazes, quebra-nozes da alma, questionadores e questionáveis, como se viver fosse apenas quebrar nozes; assim nos devemos tornar cada vez mais passíveis de questionamento, mais *dignos* de questionar, e assim mais dignos talvez — de viver?... Todas as coisas boas foram um dia coisas ruins; cada pecado original tornou-se uma virtude original. O casamento, por exemplo, foi por muito tempo uma ofensa aos direitos da comunidade; pagava-se uma sanção por ser tão imodesto e ter a pretensão de uma mulher só para si (daí, por exemplo, o *jus primae noctis* [direito da primeira noite],[84] ainda hoje no Camboja privilégio dos sacerdotes, esses guardiões dos "bons costumes antigos"). Os sentimentos brandos, benevolentes, indulgentes, compassivos — afinal de valor tão elevado, que se tornaram quase os "valores em si" — por longo tempo tiveram contra si precisamente o autodesprezo: tinha-se vergonha da suavidade, como hoje se tem vergonha da dureza (cf. *Além do bem e do mal*, § 260). A submissão ao *direito*: oh, com que objeção da consciência as estirpes nobres de toda parte renunciaram à *vendetta* [vingança] e curvaram-se ao direito! O "direito" foi por muito tempo um *vetitum* [algo proibido], um abuso, uma inovação, apareceu com violência, *como* violência, à qual somente com vergonha de si mesmo alguém se submetia. Cada pequenino passo que se deu na terra foi conquistado ao preço de suplícios espirituais e corporais: toda essa perspectiva, "de que não apenas o avançar, não, o simples andar, o movimento, a mudança, necessitaram de seus inumeráveis mártires", soa hoje em dia tão estranha para nós — eu a expus em *Aurora*. "Nada foi comprado tão caro", diz-se ali (§ 18), como o pouco de razão humana e sentimento de liberdade que agora constitui nosso orgulho. É este orgulho, porém, que nos torna hoje quase impossível sentir como os imensos períodos de "moralidade do costume", que precederam a "história universal" como a verdadeira e decisiva história que determinou o caráter da humanidade: quando o sofrimento, a crueldade, a dissimulação, a vingança, o repúdio à verdade eram virtude, enquanto o bem-estar, a sede de saber, a paz, a compaixão eram perigo, ser objeto de compaixão era ofensa, o trabalho era ofensa, a loucura uma coisa divina, a *mudança* algo não ético e prenhe de ruína.

10. No mesmo livro (§ 42) é analisado em que estima, sob que *pressão* de estima teve que viver a mais antiga estirpe de homens contemplativos — desprezada na medida exata em que não era temida! Foi em forma disfarçada, com aparência ambígua, mau coração, e frequentemente amedrontada, que a contemplação apareceu de início sobre a terra: quanto a isso não há dúvida. O que havia de inativo, cismador, não-guerreiro nos instintos dos homens contemplativos, despertou por muito tempo uma profunda desconfiança à sua volta: contra isso não havia outro recurso senão inspirar decidido *temor* a si. O que os velhos brâmanes, por exemplo, souberam fazer! Os mais antigos filósofos souberam dotar sua existência e sua aparência de um sentido, uma base e um fundo em razão dos quais os outros aprendiam a temê-los: examinando mais precisamente, fizeram-no por uma necessidade ainda mais fundamental, para alcançar temor e reverência diante de si mesmos. Porque dentro de si encontravam todos os juízos de valor voltados *contra* eles, tinham que derrotar toda espécie de suspeita e resistência contra "o filósofo dentro de si". E isto, sendo homens de tempos terríveis, fizeram com meios terríveis: a crueldade consigo, a automortificação inventiva — eis o principal meio desses eremitas e inovadores do pensamento sedentos de poder, que tinham necessidade de primeiro violentar dentro de si mesmos os deuses e a tradição, para poderem eles mesmos *crer* em sua inovação. Lembro a famosa história do rei Vishvamitra, que através de milênios de automartírio alcançou tal sentimento de poder e confiança em si que empreendeu a tarefa de construir *um novo céu*: o símbolo apavorante da mais antiga e mais nova experiência dos filósofos na terra — todo aquele que alguma vez construiu um "novo céu", encontrou o poder para isso apenas *no próprio inferno*... Vamos resumir o fato em formulações breves: de início, o espírito filosófico teve sempre de imitar e mimetizar os tipos *já estabelecidos* do homem contemplativo, o sacerdote, o feiticeiro, o adivinho, o homem religioso, em suma, para de alguma maneira *poder* existir: por um longo tempo o ideal ascético serviu ao filósofo como forma de aparecer, como condição de existência — ele tinha de *representá-lo* para poder ser filósofo, tinha de *crer* nele para poder representá-lo. A atitude à parte dos filósofos, caracteristicamente negadora do mundo, hostil à vida, descrente dos sentidos, dessensualizada, e que foi mantida até a época recente, passando a valer quase como a *atitude filosófica em si* — ela é sobretudo uma consequência da precariedade de condições em que a filosofia surgiu e subsistiu: na medida em que, durante muitíssimo tempo, *não teria sido absolutamente possível* filosofia sobre a terra sem o invólucro e disfarce ascético, sem uma autoincompreensão ascética. Expresso de modo vivo e evidente: o *sacerdote ascético* serviu, até a época mais recente, como triste e repulsiva lagarta, única forma sob a qual a filosofia podia viver e rastejar... Isto *mudou* realmente? O colorido e perigoso bicho alado, o "espírito" que essa lagarta abrigava, foi afinal despido de seu hábito e solto na luz, graças a um mundo mais ensolarado, mais cálido e luminoso? Existe hoje suficiente coragem, ousadia, confiança, vontade do espírito, vontade de responsabilidade, *liberdade de vontade*, para que de ora em diante o filósofo seja realmente — *possível*?...

11. Somente agora, após avistarmos o sacerdote *ascético*, atacamos seriamente o nosso problema: o que significa o ideal *ascético*? — agora a coisa fica "séria": temos o próprio *representante da seriedade* à nossa frente. "Que significa toda seriedade?" — esta pergunta, ainda mais fundamental, aparece já aqui em nossos lábios: uma pergunta para fisiólogos, claro, mas que momentaneamente evitamos. O sacerdote ascético tem nesse ideal não apenas a sua fé, mas também sua vontade, seu poder, seu interesse. Seu *direito* à existência se sustenta ou cai com esse ideal: como admirar que encontremos aqui um adversário terrível, supondo-se que sejamos adversários desse ideal? Um adversário tal que luta por sua vida, combatendo os que negam esse ideal?... Por outro lado, é improvável que uma atitude tão interessada perante nosso problema resulte especialmente proveitosa para ele; dificilmente o sacerdote ascético será um defensor afortunado do seu ideal, pela mesma razão por que uma mulher não costuma se sair bem, quando pretende defender a "mulher em si" — tampouco será ele o juiz mais imparcial da controvérsia aqui levantada. Portanto, teremos que ajudá-lo a bem defender-se de nós — uma constatação palmar, a essa altura —, em vez de recear sermos bem refutados por ele... O pensamento em torno do qual aqui se peleja, é a *valoração* de nossa vida por parte dos sacerdotes ascéticos: esta (juntamente com aquilo a que pertence, "natureza", "mundo", toda a esfera do vir a ser e da transitoriedade) é por eles colocada em relação com uma existência inteiramente outra, a qual exclui e à qual se opõe, *a menos* que se volte contra si mesma, que *negue a si mesma*: neste caso, o caso de uma vida ascética, a vida vale como uma ponte para essa outra existência. O asceta trata a vida como um caminho errado, que se deve enfim desandar até o ponto onde começa; ou como um erro que se refuta — que se *deve* refutar com a ação: pois ele *exige* que se vá com ele, e impõe, onde pode, a *sua* valoração da existência. Que significa isso? Um tal monstruoso modo de valorar não se acha inscrito como exceção e curiosidade na história do homem: é um dos fatos mais difundidos e duradouros que existem. Lida de um astro distante, a escrita maiúscula de nossa existência terrestre levaria talvez à conclusão de que a terra é a *estrela ascética* por excelência, um canto de criaturas descontentes, arrogantes e repulsivas, que jamais se livram de um profundo desgosto de si, da terra, de toda a vida, e que a si mesmas infligem o máximo de dor possível, por prazer em infligir dor — provavelmente o seu único prazer. Pois consideremos com que regularidade, com que universalidade, como em quase todos os tempos aparece o sacerdote ascético; ele não pertence a nenhuma raça determinada; floresce em toda parte; brota de todas as classes. Não que ele cultive e propague seu modo de valoração através da herança: ocorre o contrário — em geral, um profundo instinto lhe proíbe a procriação. Deve ser uma necessidade de primeira ordem, a que faz sempre crescer e medrar essa espécie *hostil à vida* — deve ser *interesse da vida mesma*, que um tipo tão contraditório não se extinga. Pois uma vida ascética é uma contradição: aqui domina um ressentimento ímpar, aquele de um insaciado instinto e vontade de poder que deseja senhorear-se, não de algo da vida, mas da vida mesma, de suas condições maiores, mais profundas e fundamentais; aqui se faz a tentativa de usar a força para estancar a fonte da força; aqui o olhar se volta, rancoroso e pérfido, contra o florescimento fisiológico mesmo, em especial contra a sua expressão, a beleza, a alegria; enquanto se experimenta e se *busca* satisfação no malogro, na desventura, no fenecimento, no feio, na perda voluntária, na negação de si, autoflagelação e autossacrifício. Tudo isso é paradoxal no mais alto grau: estamos aqui diante de uma desarmonia que se *quer* desarmônica, que *frui* a si mesma neste sofrimento, e torna-se inclusive mais triunfante e confiante à medida que diminui o seu pressuposto, a vitalidade fisiológica. "O triunfo na agonia derradeira": sob este signo superlativo lutou desde sempre o ideal ascético; neste enigma de sedução, nesta imagem de êxtase e tormento ele reconheceu sua luz mais intensa, sua salvação, sua vitória final. *Crux*, *nux*, *lux* [cruz, noz, luz] — para ele são uma só coisa.[85]

12. Supondo que essa vontade encarnada de contradição e antinatureza seja levada a *filosofar*: onde descarregará seu arbítrio mais íntimo? Naquilo que é experimentado do modo mais seguro como verdadeiro, como real: buscará o *erro* precisamente ali onde o autêntico instinto de vida situa incondicionalmente a verdade. Fará, por exemplo, como os ascetas da filosofia vedanta, rebaixando a corporalidade a uma ilusão, assim como a dor, a multiplicidade, toda a oposição conceitual de "sujeito" e "objeto" — erros, nada senão erros! Recusar a crença em seu Eu, negar a si mesmo sua "realidade" — que triunfo! — não mais apenas sobre os sentidos, sobre a evidência, mas uma espécie bem mais elevada de triunfo, uma violentação e uma crueldade contra a *razão*: volúpia que atinge seu cume quando o autodesprezo, o autoescárnio ascético da razão decreta: "*existe* um reino da verdade e do ser, mas precisamente a razão é *excluída* dele!...". (Dito de passagem: mesmo no conceito kantiano de "caráter inteligível das coisas" resta ainda algo desta lasciva desarmonia de ascetas, que adora voltar a razão contra a razão: pois "caráter inteligível" significa, em Kant, um modo de constituição das coisas, do qual o intelecto compreende apenas que é, para o intelecto, *absolutamente incompreensível*.) — Devemos afinal, como homens do conhecimento, ser gratos a tais resolutas inversões das perspectivas e valorações costumeiras, com que o espírito, de modo aparentemente sacrílego e inútil, enfureceu-se consigo mesmo por tanto tempo: ver assim diferente, *querer* ver assim diferente, é uma grande disciplina e preparação do intelecto para a sua futura "objetividade" — a qual não é entendida como "observação desinteressada" (um absurdo sem sentido), mas como a faculdade de ter seu pró e seu contra *sob controle* e deles poder dispor: de modo a saber utilizar em prol do conhecimento a *diversidade* de perspectivas e interpretações afetivas. De agora em diante, senhores filósofos, guardemo-nos bem contra a antiga, perigosa fábula conceitual que estabelece um "puro sujeito do conhecimento, isento de vontade, alheio à dor e ao tempo", guardemo-nos dos tentáculos de conceitos contraditórios como "razão pura", "espiritualidade absoluta", "conhecimento em si"; — tudo isso pede que se imagine um olho que não pode absolutamente ser imaginado, um olho voltado para nenhuma direção, no qual as forças ativas e interpretativas, as que fazem com que ver seja ver-algo, devem estar imobilizadas, ausentes; exige-se do olho, portanto, algo absurdo e sem sentido. Existe *apenas* uma visão perspectiva, apenas um "conhecer" perspectivo;[86] e *quanto mais* afetos permitirmos falar sobre uma coisa, *quanto mais* olhos, diferentes olhos, soubermos utilizar para essa coisa, tanto mais completo será nosso "conceito"[87] dela, nossa "objetividade". Mas eliminar a vontade inteiramente, suspender os afetos todos sem exceção, supondo que o conseguíssemos: como? — não seria *castrar* o intelecto?...

13. Mas voltemos atrás. Está claro que uma contradição como a que se manifesta no asceta, "vida *contra* vida", é, considerada fisiologicamente, não mais psicologicamente, simplesmente um absurdo. Só pode ser *aparente*; deve ser uma espécie de expressão provisória, interpretação, fórmula, arranjo, incompreensão psicológica de algo cuja verdadeira natureza por muito tempo não pôde ser compreendida, designada *tal como era* — uma mera palavra, incrustada numa velha *lacuna* do conhecimento humano. Devo contrapor a ela, brevemente, a realidade dos fatos: *o ideal ascético nasce do instinto de cura e proteção de uma vida que degenera*, a qual busca manter-se por todos os meios, e luta por sua existência; indica uma parcial inibição e exaustão fisiológica, que os instintos de vida mais profundos, permanecidos intactos, incessantemente combatem com novos meios e invenções. O ideal ascético é um tal meio: ocorre, portanto, exatamente o contrário do que acreditam os adoradores desse ideal — a vida luta nele e através dele com a morte, *contra* a morte, o ideal ascético é um artifício para a *preservação* da vida. Que ele tenha podido dispor e apoderar-se dos homens da maneira como a história ensina, em especial onde se impôs a civilização e domesticação do homem, nisto se expressa uma grande realidade: a *condição doentia* do tipo de homem até agora existente, ao menos do homem domesticado; a luta fisiológica do homem com a morte (mais precisamente: com o desgosto da vida, com a exaustão, com o desejo do "fim"). O sacerdote ascético é a encarnação do desejo de ser outro, de ser-estar em outro lugar, é o mais alto grau desse desejo, sua verdadeira febre e paixão: mas precisamente o *poder* do seu desejo é o grilhão que o prende aqui; precisamente por isso ele se torna o instrumento que deve trabalhar para a criação de condições mais propícias para o ser-aqui e o ser-homem — precisamente com este *poder* ele mantém apegado à vida todo o rebanho de malogrados, desgraçados, frustrados, deformados, sofredores de toda espécie, ao colocar-se instintivamente à sua frente como pastor. Já me entendem: este sacerdote ascético, este aparente inimigo da vida, este *negador* — ele exatamente está entre as grandes potências *conservadoras* e *afirmadoras* da vida... Qual a origem dessa condição doentia? Pois o homem é mais doente, inseguro, inconstante, indeterminado que qualquer outro animal, não há dúvida — ele é o animal doente: de onde vem isso? É certo que ele também ousou, inovou, resistiu, desafiou o destino mais que todos os outros animais reunidos: ele, o grande experimentador de si mesmo, o insatisfeito, insaciado, que luta pelo domínio último com os animais, a natureza e os deuses — ele, o ainda não domado, o eternamente futuro, que não encontra sossego de uma força própria que o impele, de modo que seu futuro, uma espora, mergulha implacável na carne de todo presente — como não seria um tão rico e corajoso animal também o mais exposto ao perigo, o mais longa e profundamente enfermo entre todos os animais enfermos?... O homem frequentemente está farto, há verdadeiras epidemias desse estar-farto (— como por volta de 1348, no tempo da dança da morte): mas mesmo esse nojo, essa fadiga, esse fastio de si mesmo — tudo isso irrompe tão poderosamente nele, que se torna imediatamente um novo grilhão. O Não que ele diz à vida traz à luz, como por mágica, uma profusão de Sins mais delicados; sim, quando ele se fere, esse mestre da destruição, da autodestruição — é a própria ferida que em seguida o faz *viver*...

14. Se é normal a condição doentia do homem — e não há como contestar essa normalidade —, tanto mais deveriam ser reverenciados os casos raros de pujança da alma e do corpo, os *acasos felizes* do homem, tanto mais deveriam ser os bem logrados protegidos do ar ruim, do ar de doentes. Isto é feito?... Os doentes são o maior perigo para os sãos; não é dos mais fortes que vem o infortúnio dos fortes, e sim dos mais fracos. Isto é sabido?... *Grosso modo*, não é absolutamente o temor ao homem, aquilo cuja diminuição se poderia desejar: pois esse temor obriga os fortes a serem fortes, ocasionalmente temíveis — ele mantém *em pé* o tipo bem logrado de homem. O que é de temer, o que tem efeito mais fatal que qualquer fatalidade, não é o grande temor, mas o grande *nojo* ao homem; e também a grande *compaixão* pelo homem. Supondo que esses dois um dia se casassem, inevitavelmente algo de monstruoso viria ao mundo, a "última vontade" do homem, sua vontade do nada, o niilismo. E de fato: muita coisa aponta para isso. Quem para farejar possui não apenas o nariz, mas também os olhos e ouvidos, sente, em quase toda parte aonde vai atualmente, algo semelhante a um ar de hospício, a um ar de hospital — falo, naturalmente, das áreas de cultura do homem, de toda espécie de "Europa" sobre a terra. Os *doentios* são o grande perigo do homem: não os maus, não os "animais de rapina". Aqueles já de início desgraçados, vencidos, destroçados — são eles, são *os mais fracos*, os que mais corroem a vida entre os homens, os que mais perigosamente envenenam e questionam nossa confiança na vida, no homem, em nós. Onde se poderia escapar a ele, àquele olhar velado que nos deixa uma profunda tristeza, àquele olhar voltado para trás do homem deformado na origem, que revela como tal homem fala consigo mesmo — àquele olhar que é um suspiro! "Quisera ser alguma outra pessoa", assim suspira esse olhar: "mas não há esperança. Eu sou o que sou: como me livraria de mim mesmo? E no entanto — *estou farto de mim!*"... Neste solo de autodesprezo, verdadeiro terreno pantanoso, cresce toda erva ruim, toda planta venenosa, e tudo tão pequeno, tão escondido, tão insincero, tão adocicado.

Aqui pululam os vermes da vingança e do rancor; aqui o ar fede a segredos e coisas inconfessáveis; aqui se tece continuamente a rede da mais malévola conspiração — a conspiração dos sofredores contra os bem logrados e vitoriosos, aqui a simples vista do vitorioso é *odiada*. E que mendacidade, para não admitir esse ódio como ódio! Que ostentação de grandes palavras e atitudes, que arte de calúnia "honrada"! Esses malogrados: que nobre eloquência flui de seus lábios! Quanta resignação humilde, viscosa, açucarada, flutua em seus olhos! Que desejam realmente? Ao menos *representar* o amor, a justiça, a superioridade, a sabedoria — eis a ambição desses "ínfimos", desses enfermos! E como esta ambição torna hábil! Admire-se principalmente a habilidade de falsários com que aí se imita o cunho da virtude, e mesmo o tilintar, o tilintar de ouro da virtude. Eles agora monopolizaram inteiramente a virtude, esses fracos e doentes sem cura, quanto a isso não há dúvida: "nós somente somos os bons, os justos", dizem eles, "nós somente somos os *homines bonae voluntatis* [homens de boa vontade]". Eles rondam entre nós como censuras vivas, como advertências dirigidas a nós — como se saúde, boa constituição,[88] força, orgulho, sentimento de força fossem em si coisas viciosas, as quais um dia se devesse pagar, e pagar amargamente: oh, como eles mesmos estão no fundo dispostos a *fazer* pagar, como anseiam ser *carrascos*! Entre eles encontra-se em abundância os vingativos mascarados de juízes, que permanentemente levam na boca, como baba venenosa, a palavra *justiça* e andam sempre de lábios em bico, prontos a cuspir em todo aquele que não tenha olhar insatisfeito e siga seu caminho de ânimo tranquilo. Entre eles não falta igualmente a mais nojenta espécie de vaidosos, os monstros de mendacidade que buscam aparecer como "almas belas" e exibem no mercado, como "pureza do coração", sua sensualidade estropiada, envolta em versos e outros cueiros: a espécie de onanistas morais e "autogratificadores". A vontade dos enfermos de representar uma forma *qualquer* de superioridade, seu instinto para vias esquivas que conduzam a uma tirania sobre os sãos — onde não seria encontrada, essa vontade de poder precisamente dos mais fracos! A mulher doente em especial: ninguém a supera em refinamento para dominar, oprimir, tiranizar. Nisso a mulher doente nada poupa, vivo ou morto, ela desenterra de novo as coisas mais profundamente enterradas (os bogos dizem: "a mulher é uma hiena").[89] Olhe-se o interior de cada família, de cada corporação, de cada comunidade: em toda parte a luta dos enfermos contra os sãos — uma luta quase sempre silenciosa, com pequenos venenos, com agulhadas, com astuciosa mímica de mártir, por vezes também com esse farisaísmo de doente de gestos *estrepitosos*, que ama mais que tudo encenar a "nobre indignação". Até nos espaços consagrados da ciência gostaria de fazer-se ouvir esse rouco latido de indignação dos cães doentes, a mordaz fúria e falsidade de tais "nobres" fariseus (— aos leitores que têm ouvidos torno a lembrar aquele apóstolo da vingança berlinense, Eugen Dühring, que na Alemanha de hoje faz o uso mais indecente e repugnante dos "tambores" da moral: Dühring, o maior fanfarrão da moral que existe atualmente, mesmo entre seus iguais, os antissemitas). Estes são todos homens do ressentimento, estes fisiologicamente desgraçados e carcomidos, todo um mundo fremente de subterrânea vingança, inesgotável, insaciável em irrupções contra os felizes, e também em mascaramentos de vingança, em pretextos para vingança: quando alcançariam realmente o seu último, mais sutil, mais sublime triunfo da vingança? Indubitavelmente, quando lograssem introduzir na consciência dos felizes sua própria miséria, toda a miséria, de modo que estes um dia começassem a se envergonhar da sua felicidade, e dissessem talvez uns aos outros: "é uma vergonha ser feliz! *existe muita miséria*!"... Mas não poderia haver erro maior e mais fatal do que os felizes, os bem logrados, os poderosos de corpo e alma começarem a duvidar assim do seu *direito à felicidade*. Fora com esse "mundo ao avesso"! Fora com esse debilitamento do sentimento! Que os doentes não tornem os sadios doentes — isto seria o debilitamento — deveria ser o ponto de vista supremo na Terra — mas isto requer, acima de tudo, que os sadios permaneçam *apartados* dos doentes, guardados inclusive da vista dos doentes, para que não se confundam com os doentes. Ou seria por acaso sua tarefa serem enfermeiros e médicos?... Não poderia haver pior maneira de desconhecer e negar a sua tarefa — o superior *não deve* rebaixar-se a instrumento do inferior, o *pathos* da distância deve manter também as tarefas eternamente afastadas! Seu direito de ser o privilégio do sino de plena ressonância diante daquele falho, dissonante, é afinal mil vezes maior: eles somente são os *fiadores* do futuro, eles somente estão *comprometidos* com o futuro do homem. O que *eles* podem, o que *eles* devem, jamais poderiam poder e dever os enfermos: mas para que eles possam o que apenas *eles* devem, como poderiam ainda fazer-se de médicos, consoladores, "salvadores" dos enfermos?... Ar puro, portanto! Ar puro! E afastamento de todos os hospícios e hospitais da cultura! E portanto boa companhia, *nossa* companhia! Ou solidão, se tiver de ser! Mas afastamento dos maus odores da degradação interna e da oculta carcoma da doença!... Para que nós mesmos, meus amigos, ao menos por algum tempo ainda nos defendamos das duas mais terríveis pragas que podem estar reservadas para nós precisamente — *o grande nojo do homem e a grande compaixão pelo homem!...*

15. Compreendendo-se em toda a profundidade — e eu exijo que precisamente aqui se *apreenda* fundo, se vá ao fundo — o quanto não pode ser tarefa dos sãos assistir doentes, tornar sãos doentes, compreende-se assim uma necessidade mais — a necessidade de médicos e enfermeiros *que sejam eles mesmos doentes*: e agora temos e apreendemos com ambas as mãos o sentido do sacerdote ascético. A ele devemos considerar o salvador, pastor e defensor predestinado do rebanho doente: somente então entenderemos a sua tremenda missão histórica. *A dominação sobre os que sofrem* é o seu reino, para ela o dirige seu instinto, nela encontra ele sua arte mais própria, sua mestria, sua espécie de felicidade. Ele próprio tem de ser doente, tem de ser aparentado aos doentes e malogrados desde a raiz, para entendê-los — para com eles se entender; mas também tem de ser forte, ainda mais senhor de si do que dos outros, inteiro em sua vontade de poder, para que tenha a confiança e o temor dos doentes, para que lhes possa ser amparo, apoio, resistência, coerção, instrução, tirano, deus. Ele tem que defendê-lo, ao seu rebanho — contra quem? Contra os sãos, não há dúvida, e também contra a inveja que têm dos sãos; ele tem que ser o opositor e *desprezador* natural de toda saúde e toda potência tempestuosa, dura, desenfreada, violenta e rapace. O sacerdote é a primeira forma do animal *mais delicado*, que despreza mais facilmente do que odeia. Não lhe será poupado fazer guerra aos animais de rapina, uma guerra de astúcia (de "espírito") mais que de violência, está claro — para isto lhe será necessário, em certas circunstâncias, desenvolver-se quase que em um novo tipo de animal de rapina, ou ao menos *representá-lo* — uma nova ferocidade animal, na qual o urso polar, a elástica, fria, expectante pantera, e também a raposa, parecem juntados numa unidade tão atraente quanto aterradora. Supondo que a necessidade o obrigue, ele andará entre os outros animais de rapina, sério como urso, venerável, prudente, frio, superior-enganador, como arauto e porta-voz de poderes misteriosos, decidido a semear nesse terreno, onde puder, sofrimento, discórdia, contradição, e, seguro bastante de sua arte, fazer-se a todo instante senhor dos sofredores. Ele traz unguento e bálsamo, sem dúvida; mas necessita primeiro ferir, para ser médico; e quando acalma a dor que a ferida produz, *envenena no mesmo ato a ferida* — pois disso entende ele mais que tudo, esse feiticeiro e domador de animais de rapina, em volta do qual tudo o que é são torna-se necessariamente doente, e tudo doente necessariamente manso. De fato, ele defende muito bem o seu rebanho enfermo, esse estranho pastor — ele o defende também de si mesmo, da baixeza, perfídia, malevolência que no próprio rebanho arde sob as cinzas, e do que mais for próprio de doentes e combalidos; ele combate, de modo sagaz, duro e secreto, a anarquia e a autodissolução que a todo momento ameaçam o rebanho, no qual aquele mais perigoso dos explosivos, o *ressentimento*, é continuamente acumulado. Descarregar este explosivo, de modo que ele não faça saltar pelos ares o rebanho e o pastor, é a sua peculiar habilidade, e suprema utilidade; querendo-se resumir numa breve fórmula o valor da existência sacerdotal, pode-se dizer simplesmente: o sacerdote é aquele que *muda a direção* do ressentimento. Pois todo sofredor busca instintivamente uma causa para seu sofrimento; mais precisamente, um agente; ainda mais especificamente, um agente *culpado* suscetível de sofrimento — em suma, algo vivo, no qual possa sob algum pretexto descarregar seus afetos, em ato ou *in effigie* [simbolicamente]: pois a descarga de afeto é para o sofredor a maior tentativa de alívio, de *entorpecimento*, seu involuntariamente ansiado narcótico para tormentos de qualquer espécie. Unicamente nisto, segundo minha suposição, se há de encontrar a verdadeira causação fisiológica do ressentimento, da vingança e quejandos, ou seja, em um desejo de *entorpecimento da dor através do afeto* — de ordinário ela é procurada, muito erroneamente, me parece, em um contragolpe defensivo, uma simples medida protetora, um "movimento reflexo" em resposta a uma súbita lesão ou ameaça, do tipo que ainda executa uma rã sem cabeça, para livrar-se de um ácido corrosivo. Mas a diferença é fundamental: em um caso quer-se prevenir mais lesões, no outro caso quer-se *entorpecer*, mediante uma emoção mais violenta de qualquer espécie, uma dor torturante, secreta, cada vez mais insuportável, e retirá-la da consciência ao menos por um instante — para isto necessita-se de um afeto, um afeto o mais selvagem possível, e, para sua excitação, um bom pretexto qualquer. "Alguém deve ser culpado de que eu esteja mal" — esta maneira de raciocinar é comum a todos os doentes, tanto mais quanto lhes for desconhecida a verdadeira causa do seu mal-estar, a fisiológica (— ela pode encontrar-se, digamos, numa enfermidade do *nervus sympathicus*, numa anormal secreção de bílis, numa pobreza de sulfato e fosfato de potássio no sangue, em estados de tensão do baixo-ventre que impedem a circulação do sangue, ou ainda numa degeneração dos ovários etc.). Os sofredores são todos horrivelmente dispostos e inventivos, em matéria de pretextos para seus afetos dolorosos; eles fruem a própria desconfiança, a cisma com baixezas e aparentes prejuízos, eles revolvem as vísceras de seu passado e seu presente, atrás de histórias escuras e questionáveis, em que possam regalar-se em uma suspeita torturante, e intoxicar-se do próprio veneno de maldade — eles rasgam as mais antigas feridas, eles sangram de cicatrizes há muito curadas, eles transformam em malfeitores o amigo, a mulher, o filho e quem mais lhes for próximo. "Eu sofro: disso alguém deve ser culpado" — assim pensa toda ovelha doente. Mas seu pastor, o sacerdote ascético, lhe diz: "Isso mesmo, minha ovelha! Alguém deve ser culpado: mas você mesma é esse alguém — *somente você é culpada de si!...*". Isto é ousado bastante, falso bastante: mas com isto se alcança uma coisa ao menos, com isto, como disse, a direção do ressentimento é — *mudada*.

16. Percebe-se agora o que, segundo minha concepção, o instinto-curandeiro da vida ao menos *tentou* através do sacerdote ascético, e para que lhe serviu a tirania temporária de conceitos paradoxais e paralógicos como "culpa", "pecado", "pecaminosidade", "corrupção", "danação": para tornar os doentes *inofensivos* até certo ponto, para fazer os incuráveis se destruírem por si mesmos, para com rigor orientar os levemente adoentados de volta a si mesmos, voltando para trás seu ressentimento ("uma só coisa é necessária" —),[90] e desta maneira *aproveitar* os instintos ruins dos sofredores para o fim de autodisciplinamento, autovigilância, autossuperação. Já se vê que uma tal "medicação", uma simples medicação de afeto, não pode significar uma verdadeira *cura* de doentes no sentido fisiológico; não se poderia sequer afirmar que o instinto de vida teve aí a intenção e a perspectiva de cura. De um lado uma espécie de concentração e organização dos doentes (— a palavra "Igreja" é o nome mais popular para isso), de outro lado uma espécie de salvaguarda provisória dos mais sadiamente constituídos, dos mais plenamente forjados, criando-se assim um abismo entre doentes e sãos — durante muito tempo isto foi tudo! E era muito! Era muitíssimo!... (Nesta dissertação, como se vê, parto de um pressuposto que não tenho primeiro de justificar, em vista de leitores tal como os necessito: o de que a "natureza pecaminosa" do homem não é um fato, mas apenas a interpretação de um fato, ou seja, uma má disposição fisiológica — vista sob uma perspectiva moral-religiosa que para nós nada mais tem de imperativo. — Que alguém se *sinta* "culpado", "pecador", não demonstra absolutamente que tenha razão para sentir-se assim; tampouco alguém é são apenas por sentir-se são. Recorde-se os célebres processos contra as bruxas: os mais perspicazes e humanos juízes *não duvidavam* da existência de culpa; as "bruxas" mesmas não duvidavam — e no entanto não havia culpa. — Expressando esse pressuposto de uma forma mais ampla: a própria "dor da alma" não me parece em absoluto um fato, mas apenas uma interpretação (interpretação causal) de fatos que até agora não puderam ser formulados com exatidão: portanto, algo ainda inteiramente no ar, e que não se impõe cientificamente — apenas uma palavra obesa, em lugar de um seco ponto de interrogação. Se alguém não dá conta de sua "dor da alma", isto não vem, falando cruamente, de sua "alma"; mais provavelmente, de seu ventre (falando cruamente, como disse: o que de modo algum expressa o desejo de ser ouvido e compreendido cruamente...). Um homem forte e bem logrado digere suas vivências (feitos e malfeitos incluídos) como suas refeições, mesmo quando tem de engolir duros bocados. Se não "dá conta" de uma vivência, esta espécie de indigestão é tão fisiológica quanto a outra — e muitas vezes, na verdade, apenas uma consequência da outra. Uma tal concepção, seja dito entre nós, não impede que se continue sendo o mais rigoroso adversário de todo materialismo...).

17. Mas é realmente um *médico*, este sacerdote ascético? — Já notamos que dificilmente podemos chamá-lo de médico, por mais que lhe agrade sentir-se "salvador", ser venerado como "salvador". Apenas o sofrimento mesmo, o desprazer do sofredor, é por ele combatido, *não* a sua causa, *não* a doença propriamente — esta deve ser nossa objeção mais radical à medicação sacerdotal. Mas, colocando-se uma só vez naquela perspectiva, a única que o sacerdote possui e conhece, não há limites para a admiração por tudo o que ele viu, buscou e achou sob tal perspectiva. A *mitigação* do sofrimento, o "consolo" de toda espécie — isto se revela como o seu gênio mesmo; com que inventividade compreendeu ele sua tarefa de consolador, de que modo irrefletido e ousado soube escolher os meios para ela! O cristianismo, em especial, pode ser considerado um grande tesouro dos mais engenhosos meios de consolo, pelo tanto de aliviador, mitigador, narcotizante que há nele acumulado, pelo tanto de perigoso e temerário que arriscou para esse fim, pelo modo sutil, refinado, meridional-refinado com que intuiu sobretudo os afetos estimulantes com que pode ser vencida a funda depressão, o cansaço de chumbo, a negra tristeza dos fisiologicamente travados. Pois falando em termos gerais: em todas as grandes religiões, a questão principal sempre foi combater uma certa exaustão e gravidade tornada epidemia. Podemos de antemão ter como verossímil que de tempos em tempos, em determinados lugares da terra, um *sentimento de obstrução fisiológica* deve quase que necessariamente apossar-se de vastas massas, o qual, no entanto, por falta de saber fisiológico não penetra como tal na consciência, de modo que seu "motivo", seu remédio, pode ser procurado e experimentado tão somente no domínio psicológico-moral (— e esta é minha fórmula mais geral para o que comumente é chamado de "*religião*"). Tal sentimento de obstrução pode ser de origem a mais diversa: seja como resultado do cruzamento de raças demasiado heterogêneas (ou de classes — classes sempre expressam também diferenças de origem ou de raça: o "*Weltschmerz*" [dor do mundo] europeu, o "pessimismo" do século XIX, é essencialmente resultado de uma mistura de classes absurdamente súbita); ou determinado por uma emigração equivocada — uma raça chegada a um clima para o qual sua capacidade de adaptação não basta (o caso dos hindus na Índia); ou consequência de velhice e cansaço da raça (pessimismo parisiense de 1850 em diante); ou de uma dieta errada (alcoolismo na Idade Média; o absurdo dos vegetarianos, que, é verdade, têm a seu favor a autoridade do *junker* Cristóvão,[91] de Shakespeare); ou de denegeração do sangue, malária, sífilis e semelhantes (depressão alemã após a Guerra dos Trinta Anos, que infectou metade da Alemanha com doenças ruins, preparando assim o terreno para a servilidade alemã, a mesquinhez alemã). Em tal caso, uma grande *luta contra o sentimento de desprazer* é tentada a cada vez; informemo-nos brevemente sobre suas mais importantes formas e práticas. (Deixo aqui de lado, como é natural, a luta dos *filósofos* contra o sentimento de desprazer, que costuma se dar simultaneamente — ela é interessante, mas demasiado absurda, demasiado indiferente à prática, demasiado ociosa e artificiosa, quando, por exemplo, pretende-se demonstrar que a dor é um erro, na pressuposição ingênua de que a dor *deve* desaparecer assim que o erro for reconhecido — mas vejam! ela se recusa a desaparecer...) Esse desprazer dominante é combatido, *primeiro*, através de meios que reduzem ao nível mais baixo o sentimento vital. Se possível nenhum querer, nenhum desejo mais; evitar tudo o que produz afeto, que produz "sangue" (não comer sal: higiene do faquir); não amar; não odiar; equanimidade; não se vingar; não enriquecer; não trabalhar; mendigar; se possível nenhuma mulher, ou mulher o menos possível; em matéria espiritual, o princípio de Pascal, "*il faut s'abêtir*" [é preciso embrutecer-se]. Como resultado, em termos psicológico-morais, "renúncia de si", "santificação"; em termos fisiológicos, hipnotização — uma tentativa de alcançar para o homem algo aproximado ao que a *hibernação* representa para algumas espécies animais, a *estivação* para muitas plantas de clima quente, um mínimo de metabolismo, no qual a vida ainda existe, sem no entanto penetrar na consciência. Uma quantidade espantosa de energia humana foi gasta para esse fim — em vão?... Não se pode duvidar que tais *sportsmen* [esportistas] da "santidade", de que todos os tempos e quase todos os povos são pródigos, tenham de fato encontrado uma libertação real daquilo que com um tão rigoroso *training* [treinamento] combatiam — em inúmeros casos eles realmente se livraram daquela profunda depressão fisiológica com ajuda do seu sistema de meios de hipnose: razão por que seu método está entre os fatos etnológicos mais universais. Tampouco é lícito colocar tal intenção de render pela fome o corpo e o desejo entre os sintomas de loucura (como ama fazer uma espécie inepta de cavaleiros Cristóvãos e "livres-pensadores" comedores de rosbife). Mas não é menos certo que ela pode abrir caminho para toda sorte de perturbações espirituais, para "luzes interiores", por exemplo, como ocorre entre os hesicastas do monte Atos,[92] para alucinações de som e de forma, para voluptuosos transbordamentos e êxtases da sensualidade (história da santa Teresa). A interpretação que para esses estados dão aqueles afetados por eles sempre foi tão entusiástica e falsa quanto possível, é claro: mas não se deixe de ouvir o tom de convencida gratidão que já ressoa na *vontade* de dar essa espécie de interpretação. O estado supremo, a própria *redenção*, aquela hipnotização e quietude total enfim alcançada, é para eles o mistério em si, para cuja expressão não bastam sequer os símbolos mais elevados, sendo retorno e refúgio no fundo das coisas, sendo desprendimento de toda ilusão, sendo "saber", "verdade", "ser", sendo libertação de todo fim, todo ato, todo desejo, sendo estar além também do bem e do mal. "Bem e mal", diz o budista, "são ambos cadeias: de ambos o Perfeito se tornou senhor"; "o feito e o não-feito", diz o crente do vedanta, "não lhe causam dor; o bem e o mal sacode ele de si como um sábio; nenhum ato pode ferir seu reino; bem e mal, a ambos ele superou": — uma concepção de toda a Índia, portanto; brâmane assim como budista. (Nem a mentalidade indiana nem a cristã consideram esta "redenção" *alcançável* através da virtude, do aperfeiçoamento moral, por mais que estimem o valor hipnótico da virtude: não nos esqueçamos disso — corresponde simplesmente aos fatos, aliás. Haver permanecido *veraz* neste ponto pode ser visto como o melhor traço de realismo nas três grandes religiões, de resto tão profundamente moralizadas. "Para aquele que sabe não existe dever"... "Mediante o *aumento* de virtudes não se realiza a redenção: pois ela consiste no ser-um com o Brahma, que não permite aumento de perfeição; tampouco na *diminuição* de erros: pois o Brahma, com o qual ser um constitui a redenção, é eternamente puro" — passagens do comentário de Shankara, citadas pelo primeiro verdadeiro *conhecedor* da filosofia indiana na Europa, meu amigo Paul Deussen.)[93] Honremos pois a "redenção", como aparece nas grandes religiões; em compensação, para nós é um pouco difícil permanecer sérios ante a estima em que o *sono profundo* é tido por esses cansados da vida, demasiado cansados até mesmo para sonhar — sono profundo entendido como ingresso no Brahma, como efetivação da *unio mystica* com Deus. "Após haver adormecido inteiramente" — diz-se na mais antiga e venerável "Escritura" — "e haver alcançado o repouso completo, de modo a não ver imagens de sonho, então estará ele, ó Caro, unido ao Existente, terá penetrado em si mesmo — envolvido pelo 'eu' cognoscente, não terá consciência do que é interior ou exterior. Esta ponte não cruzam o dia nem a noite, nem a idade, a morte, o sofrer, nem a boa, nem a má ação." "Em sono profundo", dizem igualmente os crentes desta mais profunda das três grandes religiões, "a alma se ergue deste corpo, penetra na luz suprema e aparece assim em sua forma própria: ela é aqui o espírito supremo mesmo, que vagamundeia, brincando, pilheriando e se deleitando, seja com mulheres, com carruagens ou amigos, aqui ela não mais pensa neste apêndice de corpo, no qual o *prana* (sopro vital) está atrelado como um animal à carroça." Entretanto, assim como no caso da "redenção", tenhamos presente que nisto, embora com a pompa do exagero oriental, expressa-se uma apreciação igual à do lúcido, frio, helenicamente frio, porém sofredor Epicuro: o hipnótico sentimento do nada, o repouso no mais profundo sono, *ausência de sofrimento*, em suma — para os sofredores e profundamente desgraçados é lícito enxergar nisso o bem supremo, o valor entre os valores, isto *tem de* ser considerado positivo por eles, sentido como o positivo mesmo. (Segundo a mesma lógica do sentimento, em todas as religiões pessimistas chama-se ao nada *Deus*.)

18. Bem mais frequentemente que este hipnótico amortecimento geral da sensibilidade, da capacidade de dor, o qual já pressupõe forças mais raras, sobretudo coragem, desprezo da opinião, "estoicismo intelectual", emprega-se contra estados de depressão um outro *training*, de todo modo mais fácil: a *atividade maquinal*. Está fora de dúvida que através dela uma existência sofredora é aliviada num grau considerável: a este fato chama-se atualmente, de modo algo desonesto, "a bênção do trabalho". O alívio consiste em que o interesse do sofredor é inteiramente desviado do sofrimento — em que a consciência é permanentemente tomada por um afazer seguido de outro, e em consequência resta pouco espaço para o sofrimento: pois ela é *pequena*, esta câmara da consciência humana! A atividade maquinal e o que dela é próprio — a absoluta regularidade, a obediência pontual e impensada, o modo de vida fixado uma vez por todas, o preenchimento do tempo, uma certa permissão, mesmo educação para a "impessoalidade", para o esquecimento de si, para a "*incuria sui*" —: de que maneira completa e sutil o sacerdote ascético soube utilizá-la na luta com a dor! Precisamente quando tinha de lidar com sofredores das camadas inferiores, com trabalhadores escravos ou prisioneiros (ou com mulheres, que são geralmente ambos ao mesmo tempo, escravas e prisioneiras), necessitava ele de pouco mais que a pequena arte de mudar os nomes e rebatizar as coisas, para fazer com que vissem benefício e relativa felicidade em coisas até então odiadas — a insatisfação do escravo com sua sorte *não* foi, de qualquer modo, inventada pelos sacerdotes. — Um meio ainda mais apreciado na luta contra a depressão é a prescrição de uma *pequena alegria* que seja de fácil obtenção e possa ser tornada regra; esta medicação é frequentemente usada em associação com a anterior. A forma mais frequente em que a alegria é assim prescrita como meio de cura é a alegria de *causar* alegria (ao fazer benefício, presentear, aliviar, ajudar, convencer, consolar, louvar, distinguir); no fundo, ao prescrever "amor ao próximo", o sacerdote ascético prescreve uma estimulação, embora em dosagem prudente, do impulso mais forte e mais afirmador da vida — da *vontade de poder*. A felicidade da "pequena superioridade", que acompanha todo ato de beneficiar, servir, ajudar, distinguir, é o mais abundante meio de consolo de que costumam servir-se os fisiologicamente obstruídos, supondo-se que estejam bem aconselhados: de outro modo ferem uns aos outros, naturalmente em obediência ao mesmo instinto básico. Quando se investiga o começo do cristianismo no mundo romano, encontram-se associações para auxílio mútuo, associações de pobres e de enfermos, ou para realizar enterros, nascidas no solo mais inferior daquela sociedade, nas quais se cultivava conscientemente esse grande meio contra a depressão, a pequena alegria da beneficência mútua — seria isto algo novo então, uma verdadeira descoberta? Numa "vontade de reciprocidade" deste modo suscitada, vontade de formar rebanho, "comunidade", "cenáculo", a vontade de poder assim estimulada, mesmo num grau mínimo, deve por sua vez alcançar uma nova e mais plena irrupção: a *formação do rebanho* é avanço e vitória essencial na luta contra a depressão. O crescimento da comunidade fortalece também no indivíduo um novo interesse, que com frequência bastante o eleva acima do elemento mais pessoal do seu desalento, sua aversão *a si mesmo* (a "*despectio sui*" de Geulincx).[94] Todos os doentes, todos os doentios, buscam instintivamente organizar-se em rebanho, na ânsia de livrar-se do surdo desprazer e do sentimento de fraqueza: o sacerdote ascético intui esse instinto e o promove; onde há rebanho, é o instinto de fraqueza que o quis, e a sabedoria do sacerdote que o organizou. Pois atente-se para isso: os fortes buscam necessariamente *dis*sociar-se, tanto quanto os fracos buscam *a*ssociar-se; quando os primeiros se unem, isto acontece apenas com vista a uma agressão coletiva, uma satisfação coletiva da sua vontade de poder, com muita oposição da consciência individual; os fracos, ao contrário, se agrupam, tendo *prazer* nesse agrupamento — seu instinto se satisfaz com isso, tanto quanto o instinto dos "senhores" natos (isto é, da solitária, predatória espécie "homem") é irritado e perturbado pela organização. Sob toda oligarquia se esconde sempre — a história inteira ensina — o capricho *tirânico*; toda oligarquia está sempre a tremer da tensão que cada membro sente para permanecer senhor deste capricho. (Assim era, por exemplo, entre *os gregos*: Platão atesta isso em uma centena de passagens, Platão, que conhecia seus iguais — e a si mesmo...)

19. Os meios que até agora vimos usados pelo sacerdote ascético — o amortecimento geral do sentimento de vida, a atividade maquinal, a pequena alegria, a do "amor ao próximo" sobretudo, a organização gregária, o despertar do sentimento de poder da comunidade, em consequência do qual o desgosto do indivíduo consigo mesmo é abafado por seu prazer no florescimento da comunidade — estes são, medidos pelo metro moderno, seus meios *inocentes* no combate ao desprazer: voltemo-nos agora para os mais interessantes, os "culpados". Em todos eles trata-se de uma coisa: algum *excesso de sentimento*[95] — utilizado contra a dor surda, constante, paralisante, como o mais efetivo meio de anestesia; razão por que a inventividade sacerdotal foi verdadeiramente inesgotável na consideração desta única questão: "*de que modo* se obtém um excesso do sentimento?"... Isto soa duro: está claro que soaria mais agradável, e seria mais bem-vindo aos ouvidos, se eu dissesse, por exemplo, que "o sacerdote ascético aproveitou-se sempre do *entusiasmo* que há em todo afeto forte". Mas por que acarinhar os ouvidos mimados de nossos modernos fracotes? Por que cederíamos *nós*, um passo que fosse, à sua tartufice de palavras? Para nós, psicólogos, isto seria já uma tartufice *da ação*, sem considerar que nos causaria nojo. Pois se em nossos dias um psicólogo tem *bom gosto* (— outros dirão: integridade), ele consiste em se opor ao modo de expressão vergonhosamente *moralizado* que enlameia todo juízo moderno sobre o homem e as coisas. Que não haja engano quanto a isso: o que constitui a marca mais característica das almas modernas, dos livros modernos, não é a mentira, mas a arraigada *inocência* de sua mendacidade moralista. Em toda parte pôr novamente a nu esta "inocência" — isso constitui talvez a porção mais repugnante desse trabalho já em si pouco inofensivo que hoje deve se sujeitar a fazer um psicólogo; é uma porção do nosso grande perigo — é uma via que talvez *a nós* precisamente nos conduza ao grande nojo... Não duvido para que coisa unicamente serviriam os livros modernos (supondo que durem, o que certamente não é de temer, e supondo igualmente que venha a existir uma posteridade com gosto mais severo, mais duro, mais *são*) — para que coisa *tudo* moderno poderia servir a essa posteridade: como emético — e isto em virtude de sua dulcificação e falsidade moral, de seu arraigado feminismo, que se oferece como idealismo e se crê idealismo. Nossos homens cultos de hoje, nossos "bons", não mentem — é verdade; mas isto *não* conta a seu favor! A verdadeira mentira, a vera e resoluta "honesta" mentira (sobre cujo valor ouça-se Platão) seria para eles algo demasiado severo, demasiado forte; exigiria o que deles não é *lícito* exigir, que abrissem os olhos para si mesmos, que soubessem distinguir entre "falso" e "verdadeiro" dentro de si mesmos. Somente lhes convém a *mentira desonesta*; todo aquele que em nossos dias se sente "homem bom" é absolutamente incapaz de situar-se ante qualquer coisa senão de modo *desonesto-mendaz*, radical-mendaz, porém inocente-mendaz, sincero-mendaz, cândido-mendaz, virtuoso-mendaz. Esses "homens bons" — estão todos moralizados até a medula, e quanto à honestidade arruinados e estragados por toda a eternidade: qual deles ainda toleraria *uma* verdade "sobre o homem"!... Ou, de modo mais concreto: qual deles suportaria uma *verdadeira* biografia?... Alguns indícios: lord Byron redigiu coisa muito pessoal sobre si mesmo, mas Thomas Moore era "bom demais" para aquilo: queimou os papéis do amigo.[96] O mesmo deve ter feito o dr. Gwinner, executor testamentário de Schopenhauer: pois também Schopenhauer havia escrito algo sobre si, e talvez contra si ("*εἰςέαυτόν*").[97] O competente americano Thayer, biógrafo de Beethoven, interrompeu subitamente o seu trabalho: chegando a um certo ponto daquela vida ingênua e respeitável, não mais a suportou... Moral: que homem prudente escreveria hoje uma palavra honesta sobre si? — para isso, teria que pertencer à Ordem da Santa Temeridade. Prometem-nos uma autobiografia de Richard Wagner: quem duvida que será uma autobiografia *prudente*?... Recordemo-nos ainda da cômica indignação que suscitou na Alemanha o padre católico Janssen, com seu quadro indizivelmente tosco e singelo do movimento alemão da Reforma; o que não sucederia se alguém nos contasse *de outro modo* este movimento, se um autêntico psicólogo nos mostrasse um autêntico Lutero, não mais com a estreiteza moralista de um pároco de aldeia, não mais com a cuidadosa e adocicada pudicícia dos historiadores protestantes, mas com uma intrepidez *à la* Taine, a partir de uma *fortaleza da alma*, e não de uma prudente indulgência para com a força?... (Os alemães, diga-se de passagem, chegaram a produzir afinal bastante bem o tipo clássico dessa indulgência — bem podem reivindicá-lo com todo o direito: o seu Leopold Ranke, esse clássico *advocatus* de toda *causa fortior* [causa mais forte], esse mais que prudente entre todos os prudentes "homens positivos".)

20. Mas já me terão compreendido — razão bastante, não é verdade, para que atualmente nós, psicólogos, não nos libertemos de uma certa desconfiança em relação *a nós mesmos*... Provavelmente também nós somos "bons demais" para nosso ofício, provavelmente também nós somos ainda as vítimas, as presas, os doentes desse moralizado gosto atual, por mais que acreditemos desprezá-lo — provavelmente até mesmo *a nós* ele infecta... Contra o que prevenia aquele diplomata,[98] falando aos seus pares? "Desconfiemos antes de tudo, senhores, dos nossos primeiros impulsos!", dizia, "*eles são quase sempre bons*"... Assim deveria falar cada psicólogo a seus colegas... E com isso retornamos ao nosso problema, que de fato alguma severidade de nós exige, em especial alguma desconfiança dos "primeiros impulsos". *O ideal ascético servindo ao propósito de excesso do sentimento* — quem se recordar da dissertação precedente antecipará nesta frase o essencial do que agora será exposto. Desatar a alma humana de todas as suas amarras, submergi-la em terrores, calafrios, ardores e êxtases, de tal modo que ela se liberte como que por encanto de todas as pequeninas misérias do desgosto, da apatia, do desalento: que caminhos levam a esse fim? E quais os mais seguros entre eles?... No fundo, todo grande afeto tem capacidade para isso, desde que se descarregue subitamente: cólera, pavor, volúpia, vingança, esperança, triunfo, desespero, crueldade; e de fato, o sacerdote ascético não hesitou em tomar a seu serviço toda a matilha de cães selvagens que existe no homem, soltando ora um, ora outro, sempre com o mesmo objetivo, despertar o homem da sua longa tristeza, pôr em fuga ao menos por instantes a sua surda dor, sua vacilante miséria, e sempre sob a coberta de uma interpretação e "justificação" religiosa. Todo excesso de sentimento dessa natureza tem o seu *preço*, está claro — ele torna o doente mais doente —: e por isso esse tipo de remédio contra a dor é, segundo a medida moderna, "culpado". É preciso insistir, porém, pois a equidade o exige, no fato de que ele foi aplicado *com boa consciência*, no fato de que o sacerdote ascético o prescreveu com firmíssima crença em sua utilidade, em sua imprescindibilidade mesmo — e não raro quase que sucumbindo ele próprio diante do sofrimento que causava; do mesmo modo é preciso dizer que as veementes revanches fisiológicas de tais excessos, inclusive talvez as perturbações mentais, no fundo não contradizem realmente o sentido dessa espécie de medicação: a qual, como foi mostrado, não objetiva curar doenças, mas combater a depressão, diminuindo e amortecendo o seu desprazer. Também *assim* este fim foi alcançado. O grande estratagema de que se utilizou o sacerdote ascético para fazer ressoar na alma humana toda espécie de música pungente e arrebatada consistiu — todos sabem — em aproveitar-se do sentimento de culpa. A origem deste foi tratada brevemente na dissertação anterior — enquanto parte da psicologia animal, não mais: lá deparamos com o sentimento de culpa em seu estado bruto, por assim dizer. Apenas nas mãos do sacerdote, esse verdadeiro artista em sentimentos de culpa, ele veio a tomar forma — e que forma! O "pecado" — pois assim se chama a reinterpretação sacerdotal da "má consciência" animal (da crueldade voltada para trás) — foi até agora o maior acontecimento na história da alma enferma: nele temos o mais perigoso e fatal artifício da interpretação religiosa. Sofrendo de si mesmo de algum modo, em todo caso fisiologicamente, como um animal encerrado na jaula, confuso quanto ao porquê e o para quê, ávido de motivos — motivos aliviam —, ávido também de remédios e narcóticos, o homem termina por aconselhar-se com alguém que conhece também as coisas ocultas — e vejam! ele recebe uma indicação, recebe do seu mago, o sacerdote ascético, a *primeira* indicação sobre a "causa" do seu sofrer: ele deve buscá-la *em si mesmo*, em uma culpa, um pedaço de passado, ele deve entender seu sofrimento mesmo como uma *punição*... Ele ouviu, ele compreendeu, o infeliz: agora está como a galinha em torno da qual foi traçada uma linha. Ele não consegue sair do círculo: o doente foi transformado em "pecador"... E agora estamos condenados à visão desse novo doente, "o pecador", durante alguns milênios — jamais nos livraremos dele? —; para onde quer que nos voltemos, em toda parte o olhar hipnótico do pecador, movendo-se sempre na mesma direção (na direção da "culpa", como a *única* causa do sofrer); em toda parte a má consciência, essa "besta abominável" [*grewliche Thier*], no dizer de Lutero; em toda parte o passado ruminado, o fato distorcido, o "olhar bilioso" para toda ação; em toda parte, a incompreensão voluntária do sofrer tornada teor de vida, a reinterpretação do sofrer como sentimento de culpa, medo e castigo; em toda parte o flagelo, o cilício, o corpo macilento, a contrição; em toda parte o autossuplício do pecador na roda cruel de uma consciência inquieta, morbidamente lasciva; em toda parte o tormento mudo, o pavor extremo, a agonia do coração martirizado, as convulsões de uma felicidade desconhecida, o grito que pede "redenção". De fato, com esse sistema de procedimentos a velha depressão, o peso e a fadiga foram radicalmente *superados*, a vida voltou a ser muito interessante: alerta, eternamente alerta, insone, ardente, consumida, esgotada, mas não cansada — assim apresentava-se o homem, o "pecador" que fora iniciado *nesses* mistérios. Esse velho grande mago em luta contra o desprazer, o sacerdote ascético — ele havia claramente vencido, o *seu* reino havia chegado: já não havia queixas contra a dor, *ansiava-se* por ela; "*mais* dor! *mais* dor!" — gritou durante séculos o desejo dos seus apóstolos e iniciados. Cada excesso do sentimento que produzia dor, tudo que destruía, transtornava, rompia, transportava, extasiava, os segredos das câmaras de tortura, a engenhosidade do próprio inferno — tudo estava então descoberto, percebido, explorado, tudo estava à disposição do mago, tudo serviu desde então à vitória do seu ideal, do ideal ascético... "Meu reino não é deste mundo" — ele continuava a dizer: possuía realmente o direito de dizê-lo ainda?...[99] Goethe afirmou que existem apenas 36 situações trágicas: nisto percebemos, se ainda não o sabíamos, que Goethe não foi um sacerdote ascético. Este — conhece um número maior...

21. Com relação a *esta* espécie de medicação sacerdotal, a espécie "culpada", qualquer palavra crítica seria supérflua. Que um excesso do sentimento tal como costuma prescrever a seus doentes o sacerdote ascético (sob os nomes mais sagrados, naturalmente, e convencido da santidade do seu intento), tenha realmente *beneficiado* algum enfermo — quem teria gosto em sustentar uma afirmação do gênero? Seria preciso ao menos entender-se quanto ao sentido da palavra "benefício". Querendo-se com ela exprimir a ideia de que um tal sistema de tratamento *melhorou* o homem, não discordo: apenas acrescento que, para mim, "melhorado" significa — o mesmo que "domesticado", "enfraquecido", "desencorajado", "refinado", "embrandecido", "emasculado" (ou seja, quase o mesmo que *lesado*...). Mas tratando-se sobretudo de doentes, desgraçados, deprimidos, um tal sistema torna o doente invariavelmente *mais doente*, ainda que o torne "melhor"; pergunte-se aos alienistas que consequências traz consigo a aplicação metódica de tormentos de penitência, contrições e espasmos de redenção. Do mesmo modo interrogue-se a história: em toda parte onde o sacerdote ascético impôs esse tratamento, a condição enferma expandiu-se e aprofundou-se com espantosa rapidez. Em que consistiu sempre o "êxito"? Em um sistema nervoso arruinado, em acréscimo ao que já era enfermo; e isso no geral e no particular, nos indivíduos e nas massas. Em seguida ao *training* de penitência e redenção encontramos tremendas epidemias epilépticas, as maiores de que fala a história, como as danças de são Vito e são João na Idade Média; encontramos, como outra forma do seu influxo, paralisias terríveis e depressões prolongadas, com as quais por vezes o temperamento de um povo ou de uma cidade (Genebra, Basileia) se transforma de uma vez por todas em seu oposto; — nisto se inclui a histeria das bruxas, algo aparentado ao sonambulismo (oito grandes erupções epidêmicas dessa histeria somente entre 1564 e 1605) —; encontramos igualmente aqueles delírios coletivos sedentos de morte, cujo horrível grito — "*evviva la morte*" — foi ouvido por toda a Europa, interrompido por idiossincrasias ora voluptuosas, ora destrutivas: e a mesma alternância de afetos, com as mesmas intermitências e reviravoltas, pode ser observada também hoje em toda parte, onde quer que a doutrina ascética do pecado tenha mais uma vez obtido um triunfo. (A neurose religiosa *se manifesta* como uma forma do "ser mau": quanto a isso não há dúvida. O que é essa neurose? *Quaeritur* [Pergunta-se].) Falando em termos gerais, o ideal ascético e seu culto moral-sublime, essa tão inventiva, inconsiderada, perigosa sistematização de todos os meios conducentes ao excesso do sentimento, sob a capa das mais santas intenções, o ideal ascético inscreveu-se de maneira terrível e inesquecível em toda a história do homem; e infelizmente *não só* em sua história... Eu não saberia nomear outra coisa que agisse tão destruidoramente sobre *a saúde* e o vigor de raça dos europeus; podemos denominá-lo, sem qualquer exagero, *a autêntica fatalidade* na história da alma do homem europeu. Quando muito, à sua influência se poderia comparar a influência especificamente germânica: refiro-me à intoxicação alcoólica da Europa, que até hoje acompanhou passo a passo a preponderância política e racial dos germanos (— onde inocularam seu sangue, eles inocularam também seu vício). — Em terceiro lugar se deveria mencionar a sífilis — *magno sed proxima intervallo* [a grande intervalo, embora próxima].

22. O sacerdote ascético corrompeu a saúde da alma em toda parte onde alcançou o poder, e em consequência também corrompeu o *gosto in artibus et litteris* [nas artes e letras] — ainda o corrompe. "Em consequência?" Espero que me concedam este "em consequência", ao menos não desejo prová-lo agora. Apenas uma indicação: sobre o livro fundamental da literatura cristã, seu modelo, seu "livro em si". Ainda em pleno esplendor greco-romano, que era também um esplendor de livros, diante de um mundo literário ainda não emurchecido e arruinado, num tempo em que ainda se podia ler livros em troca dos quais daríamos hoje literaturas inteiras, a ingênua vaidade de alguns agitadores cristãos — agora denominados "Pais da Igreja" — ousava decretar: "também *nós* temos a nossa literatura clássica, *não necessitamos dos gregos*" — e nisso apontavam com orgulho para volumes de lendas, cartas de apóstolos e tratados apologéticos, mais ou menos como hoje o "Exército da Salvação" inglês, usando uma literatura semelhante, trava seu combate contra Shakespeare e outros "pagãos". Eu não gosto do Novo Testamento, já se percebe; quase que me perturba, encontrar-me tão só com meu gosto no tocante a essa estimadíssima, superestimadíssima obra literária (o gosto de dois milênios está contra mim): mas que importa! "Aqui estou, não sei agir de outro modo",[100] — tenho a coragem para o meu mau gosto. O *Antigo* Testamento — sim, este é outra coisa: todo o respeito perante o Antigo Testamento! Nele encontro grandes homens, uma paisagem heroica e algo raríssimo sobre a terra, a incomparável ingenuidade do *coração forte*; mais ainda, encontro um povo. No Novo, porém, nada senão pequeninas manobras de seitas, nada senão rococó da alma, nada senão volutas, tortuosidades e bizarrias, mero ar de conventículo, não esquecendo ainda um ocasional sopro de doçura bucólica, próprio da época (e da província romana) e não tanto judeu quanto helenístico. Humildade e arrogância lado a lado; uma verbosidade do sentimento que quase ensurdece; passionalidade, nenhuma paixão; uma mímica penosa; ali faltou evidentemente uma boa educação. Como é possível dar aos pequeninos defeitos pessoais a importância que dão esses piedosos homúnculos! Ninguém se incomoda com eles, muito menos Deus. Por fim querem até mesmo "a coroa da vida eterna", essa gentinha da província; para quê? por quê? — impossível levar mais longe a presunção. Um Pedro "imortal": quem o suportaria? Eles possuem uma ambição que faz rir: *essa* gente não cessa de esmiuçar suas questões mais pessoais, suas tolices, tristezas e preocupações míseras, como se o próprio ser das coisas tivesse a obrigação de ocupar-se delas; *essa* gente não cansa de envolver Deus nas mínimas aflições em que vem a se encontrar. E essa contínua sem-cerimônia com Deus, de péssimo gosto! Essa judaica, e não somente judaica, familiaridade de pata e focinho com Deus!... Existem alguns pequenos, desprezados "povos pagãos" no Leste da Ásia, dos quais esses primeiros cristãos poderiam ter aprendido algo, algum *tato* na veneração; aqueles povos não se permitem, segundo testemunham missionários cristãos, sequer pronunciar o nome do seu Deus. Isto me parece bastante delicado; certamente não só para "primeiros" cristãos é delicado em demasia: para sentir o contraste recorde-se Lutero, por exemplo, esse "mais eloquente" e mais presunçoso camponês que a Alemanha já teve, assim como o tom luterano, que precisamente a ele agradava empregar em seus diálogos com Deus. A oposição de Lutero aos santos intermediários da Igreja (em especial ao "porco do Diabo, o papa" [*des Teuffels Saw den Bapst*]) era em última análise, não há dúvida, a oposição de um grosseiro ao qual aborrecia a *boa etiqueta* da Igreja, aquela etiqueta reverencial do gosto hierático, que apenas aos iniciados e reticentes permite o acesso ao mais sagrado, protegendo-o dos grosseiros. Ali, entre todos os lugares, estes não deveriam tomar a palavra — mas Lutero, o camponês, queria as coisas de outro modo, aquilo não lhe parecia suficientemente *alemão*: ele queria sobretudo falar diretamente, falar ele próprio, falar "informalmente" com o seu Deus... Bem, ele o fez. — O ideal ascético, já se percebe, não foi jamais e em lugar algum uma escola do bom gosto, menos ainda das boas maneiras — foi, no melhor dos casos, uma escola das maneiras hieráticas —: isto faz com que ele encerre em si algo radicalmente hostil a quaisquer boas maneiras — falta de medida, aversão à medida, ele é em si um "*non plus ultra*" [último limite].

23. O ideal ascético corrompeu não apenas a saúde e o gosto, corrompeu ainda uma terceira, uma quarta, uma quinta, uma sexta coisa — eu me guardarei de enumerar tudo (quando chegaria ao fim?). O que devo expor à luz não é o que esse ideal *realizou*, mas tão somente o que ele *significa*, o que deixa entrever, o que se esconde nele, sob ele, por trás dele, aquilo de que é a expressão provisória, indistinta, carregada de interrogações e mal-entendidos. E somente em consideração a *esse* fim eu não podia poupar a meus leitores uma olhada na imensidão dos seus efeitos, também dos seus efeitos funestos: ou seja, prepará-los para o último e mais terrível aspecto que para mim possui a questão do significado desse ideal. O que significa exatamente o *poder* desse ideal, a *imensidão* do seu poder? Por que lhe foi concedido tamanho espaço? Por que não lhe foi oposta maior resistência? O ideal ascético expressa uma vontade: onde está a vontade contrária, em que se expressaria um *ideal contrário*? O ideal ascético tem uma finalidade, uma meta — e esta é universal o bastante para que, medidos por ela, todos os demais interesses da existência humana pareçam estreitos e mesquinhos; povos, épocas e homens são por ele interpretados implacavelmente em vista dessa única meta, ele não admite qualquer outra interpretação, qualquer outra meta, ele rejeita, renega, afirma, confirma somente a partir da *sua* interpretação (— e houve jamais um sistema de interpretação mais elaborado?); ele não se submete a poder algum, acredita, isto sim, na sua primazia perante qualquer poder, na sua incondicional *distância hierárquica* em relação a qualquer poder — ele acredita que nada existe com poder na Terra que não receba somente dele um sentido, um valor, um direito à existência, como instrumento para a *sua* obra, como meio e caminho para a *sua* meta, para *uma* meta... Onde está a *contrapartida* desse sistema compacto de vontade, meta e interpretação? Por que *falta* a contrapartida?... Onde está a outra "*uma* meta"?... Dizem-me que *não* falta, que não ape-

nas travou um longo e feliz combate contra esse ideal, como já o teria dominado em tudo aquilo que importa: toda a nossa moderna *ciência* seria testemunha disso — esta ciência moderna que, como verdadeira filosofia da realidade,[101] evidentemente crê apenas em si mesma, evidentemente possui a coragem, a vontade de ser ela mesma, e até agora saiu-se bastante bem sem Deus, sem Além e sem virtudes negadoras. Ocorre que com esse barulho e essa tagarelice de agitadores nada se consegue comigo: esses trombeteiros da realidade são péssimos músicos, percebe-se que suas vozes *não* vêm do fundo, que através deles *não* fala o abismo da consciência científica — pois atualmente a consciência científica é um abismo —, a palavra *ciência*, nas bocarras desses trombeteiros, é simplesmente um abuso, um desaforo, uma impudência. A verdade é precisamente o oposto do que se afirma: a ciência hoje não tem absolutamente *nenhuma* fé em si, e tampouco um *ideal* acima de si — e onde é ainda paixão, amor, ardor, *sofrer*, não é o oposto desse ideal ascético, mas antes *a sua forma mais recente e mais nobre*. Isto lhes soa estranho?... Também entre os doutos de hoje, é certo, existe um povo modesto e trabalhador que se compraz no seu cantinho, e que, por causa disso, por vezes eleva um tanto imodestamente a voz, afirmando que *devemos* estar satisfeitos, sobretudo na ciência — onde haveria tanto de útil a fazer. Não me oponho; eu seria o último a estragar o prazer que tais honrados trabalhadores encontram no seu ofício: porque me alegro do seu trabalho. Mas isto, o fato de que se trabalhe com rigor na ciência e de que existam trabalhadores satisfeitos, *não* demonstra em absoluto que a ciência como um todo possua hoje uma meta, uma vontade, uma paixão própria da grande fé. Ocorre o contrário, como disse: onde não é a mais nova manifestação do ideal ascético — tratando-se então de casos demasiado raros, nobres e seletos para que o juízo geral possa ser mudado —, a ciência é hoje um *esconderijo* para toda espécie de desânimo, descrença, remorso, *despectio sui* [desprezo de si], má consciência — ela é a *inquietude* da ausência de ideal, o sofrimento pela *falta* do grande amor, a insatisfação por uma frugalidade *invo-*

luntária.[102] Ah, o que não esconde hoje a ciência! O quanto não deve esconder! A competência dos nossos melhores doutores, sua impensada diligência, sua cabeça a fervilhar dia e noite, mesmo sua mestria no ofício — com que frequência o sentido de tudo isso esteve em não deixar que uma coisa se tornasse clara para si próprio! A ciência como meio de autoanestesia: *vocês conhecem isto?*... Por vezes os ferimos — todo aquele que anda com doutores o sabe — até a medula com uma palavra inofensiva, indispomos contra nós nossos amigos doutores no instante em que acreditamos lisonjeá-los, fazemos com que percam a compostura, apenas porque fomos demasiado rudes para perceber com quem estamos realmente lidando, com *sofredores* que não querem confessar a si mesmos o que são, com gente entorpecida e insensata que teme uma só coisa: *ganhar consciência*...

24. — E agora examinemos aqueles casos mais raros de que falei, os últimos idealistas que existem hoje entre os filósofos e doutos: teremos neles talvez os desejados *adversários* do ideal ascético, os seus *contraidealistas*? De fato, eles *acreditam* sê-lo, esses "descrentes" (pois isso é o que são todos); seu último resto de fé parece estar precisamente nisto, em ser adversários desse ideal, tão sérios são nesse ponto, tão apaixonados tornam-se precisamente aí suas palavras e seus gestos — seria por isso *verdadeiro* aquilo em que creem?... Nós, "homens do conhecimento", somos enfim desconfiados em relação a toda espécie de crentes, nossa desconfiança gradualmente nos ensinou a concluir o inverso do que outrora se concluía: isto é, toda vez que a força de uma fé aparecer com grande evidência, concluir por uma certa fraqueza da demonstrabilidade, pela *improbabilidade* mesma daquilo que é acreditado. Tampouco nós negamos que a fé "torna bem-aventurado":[103] *justamente* por isso negamos que a fé *demonstre* algo — uma fé forte, que torna bem-aventurado, levanta suspeita quanto ao que se crê, não estabelece "verdade", estabelece uma certa probabilidade — de *ilusão*. Esses negadores e singulares[104] de hoje, esses irredutíveis em *uma* coisa, na exigência de asseio intelectual, esses duros, severos, abstinentes, heroicos espíritos que constituem a honra do nosso tempo, todos esses pálidos ateístas, anticristãos, imoralistas, niilistas, esses céticos, eféticos, *hécticos* do espírito (todos sem exceção, de um modo ou de outro), esses últimos idealistas do conhecimento, únicos nos quais habita e está hoje encarnada a consciência intelectual — eles se creem tão afastados quanto possível do ideal ascético, esses "espíritos livres, *muito* livres": e no entanto, eu aqui lhes revelo o que eles próprios não conseguem ver — pois estão demasiado próximos a si mesmos —: esse ideal é também o *seu* ideal, eles mesmos o representam hoje, ninguém mais talvez, eles mesmos são o rebento mais espiritualizado desse ideal, sua mais avançada falange de guerreiros e batedores, sua mais insidiosa, delicada e inapreensível forma de sedução — se jamais fui um decifrador de enigmas, quero sê-lo com *esta* afirmação!... Esses estão longe de serem espíritos livres: *eles creem ainda na verdade*... Quando os cruzados cristãos no Oriente depararam com aquela invencível Ordem dos Assassinos, aquela ordem de espíritos livres *par excellence*, cujos graus inferiores viviam numa obediência que nenhuma ordem monástica alcançou igual, obtiveram de algum modo informação sobre aquele símbolo e senha, reservado aos graus superiores como seu *secretum*: "Nada é verdadeiro, tudo é permitido"... Pois bem, *isto* era liberdade de espírito, *com isto* a fé na própria verdade era *abandonada*... Algum espírito livre cristão, europeu, já se extraviou jamais nesta frase e em suas labirínticas *consequências*? Conhece *por experiência* o Minotauro dessa caverna?... Tenho minhas dúvidas; melhor, sei que não é assim — para esses irredutíveis em *uma* coisa, para esses *denominados* "espíritos livres", nada é mais estranho do que liberdade e emancipação naquele sentido, em relação a nada mais estão mais firmemente ligados, precisamente na fé na verdade são firmes e irredutíveis como ninguém mais. Eu conheço tudo isso talvez de perto demais: a venerável abstinência de filósofo a que obriga tal fé, o estoicismo do intelecto, que termina por proibir-se tão severamente o Não quanto o Sim, o *querer* deter-se ante o factual, ante o *factum brutum*, o fatalismo dos "*petits faits*" (*ce petit faitalisme*, como eu o chamo), no qual a ciência francesa busca hoje uma espécie de primazia moral perante a alemã, a renúncia à interpretação (a violentar, ajustar, abreviar, omitir, preencher, imaginar, falsear e o que mais seja próprio da *essência* do interpretar) — *grosso modo*, isso expressa ascetismo da virtude, tão bem quanto qualquer negação da sensualidade (é, no fundo, apenas uma modalidade desta negação). Mas o que *força* a isto, a incondicional vontade de verdade, é a *fé no próprio ideal ascético*, mesmo como seu imperativo inconsciente, não haja engano a respeito — é a fé em um valor *metafísico*, um valor *em si da verdade*, tal como somente esse ideal garante e avaliza (ele se sustenta ou cai com esse ideal). Não existe, a rigor, uma ciência "sem pressupostos", o pensamento de uma tal ciência é impensável, paralógico: deve haver antes uma filosofia, uma "fé", para que a ciência dela extraia uma direção, um sentido, um limite, um método, um *direito* à existência. (Quem entende o contrário, quem, por exemplo, se dispõe a colocar a filosofia "sobre base estritamente científica", precisa antes colocar não só a filosofia, mas também a verdade *de cabeça para baixo*: a pior ofensa ao decoro que se poderia cometer com duas damas tão respeitáveis!) Sim, não há dúvida — e aqui deixo falar a minha *Gaia ciência*, cf. seu livro quinto, seção 344 — "o homem veraz, naquele ousado e derradeiro sentido que a fé na ciência pressupõe, *afirma um outro mundo* que não o da vida, da natureza e da história; e na medida em que afirma esse "outro mundo", como? ele não deve assim negar o seu oposto, este mundo, *nosso* mundo?... É ainda uma *fé metafísica*, aquela sobre a qual repousa a nossa fé na ciência — e nós, homens do conhecimento de hoje, nós, ateus e antimetafísicos, também nós tiramos ainda nossa flama daquele fogo que uma fé milenar acendeu, aquela crença cristã, que era também de Platão, de que Deus é a verdade, de que a verdade é *divina*... Mas como, se precisamente isto se torna cada vez mais incrível, se nada mais se revela divino, exceto o erro, a cegueira, a mentira — se Deus mesmo se revela como nossa *mais longa mentira*?" — Neste ponto é necessário parar e refletir longamente. A própria ciência *requer* doravante uma justificação (com isto não se quer dizer que exista uma tal justificação). Considere-se, quanto a isso, os mais antigos e os mais novos filósofos: em todos eles falta a consciência do quanto a vontade de verdade mesma requer primeiro uma justificação, nisto há uma lacuna em cada filosofia — por que isso? Porque o ideal ascético foi até agora *senhor* de toda filosofia, porque a verdade foi entronizada como Ser, como Deus, como instância suprema, porque a verdade não *podia* em absoluto ser um problema. Compreende-se este "podia"? — A partir do momento em que a fé no Deus do ideal ascético é negada, *passa a existir um novo problema*: o problema do *valor* da verdade. — A vontade de verdade requer uma crítica — com isso determinamos nossa tarefa —, o valor da verdade será experimentalmente *posto em questão*... (A quem isto parecer demasiado sucinto, recomenda-se reler a seção da *Gaia ciência* intitulada "Até que ponto somos ainda piedosos" (seção 344), ou, de preferência, todo o livro quinto dessa obra, assim como o Prefácio a *Aurora*.)

25. Não! Não me venham com a ciência, quando busco o antagonista natural do ideal ascético, quando pergunto: "onde está a vontade oposta, na qual se expressa o seu *ideal oposto*?". Para isso a ciência está longe de assentar firmemente sobre si mesma, ela antes requer, em todo sentido, um ideal de valor, um poder criador de valores, a cujo *serviço* ela *possa acreditar* em si mesma — ela mesma jamais cria valores. Sua relação com o ideal ascético não é absolutamente antagonística em si, ela antes representa, no essencial, a força propulsora na configuração interna deste. Um exame mais atento mostra que ela contradiz e combate não o ideal mesmo, mas o que nele é exterior, revestimento, jogo de máscaras, seu ocasional endurecimento, ressecamento, dogmatização — ela liberta nele a vida, ao negar o que nele é exotérico. Ambos, ciência e ideal ascético, acham-se no mesmo terreno — já o dei a entender —: na mesma superestimação da verdade (mais exatamente: na mesma crença na *in*estimabilidade, *in*criticabilidade da verdade), e com isso são *necessariamente* aliados — de modo que, a serem combatidos, só podemos combatê-los e questioná-los em conjunto. Uma avaliação do ideal ascético conduz inevitavelmente a uma avaliação da ciência: mantenham-se os olhos e os ouvidos abertos para esse fato! (A *arte*, para antecipá-lo, pois ainda tornarei mais demoradamente ao assunto — a arte, na qual precisamente a *mentira* se santifica, a *vontade de ilusão* tem a boa consciência a seu favor, opõe-se bem mais radicalmente do que a ciência ao ideal ascético: assim percebeu o instinto de Platão, esse grande inimigo da arte, o maior que a Europa jamais produziu. Platão contra Homero: eis o verdadeiro, o inteiro antagonismo — ali, o mais voluntarioso "partidário do além",[105] o grande caluniador da vida; aqui, o involuntário divinizador da vida, a natureza *áurea*. A vassalagem de um artista ao ideal ascético é, portanto, a mais clara *corrupção* do artista que pode haver, e infelizmente das mais corriqueiras: pois nada é mais corruptível do que um artista.) Também do ponto de vista fisiológico a ciência pisa no mesmo chão que o ideal ascético: um certo *empobrecimento da vida* é o pressuposto, em um caso como no outro — as emoções tornadas frias, o ritmo tornado lento, a dialética no lugar do instinto, a *seriedade* impressa nos rostos e nos gestos (a seriedade, essa inconfundível marca do metabolismo mais trabalhoso, da vida que luta, que funciona com mais dificuldade). Considerem-se os períodos da história de um povo nos quais o homem douto ganha evidência: são épocas de cansaço, muitas vezes de crepúsculo, decadência — a força que transborda, a certeza de vida, a certeza de *futuro* se foram. A preponderância dos mandarins jamais significa algo de bom: tanto quanto o advento da democracia, dos tribunais de paz em lugar das guerras, da igualdade de direitos para as mulheres, da religião da compaixão e do que mais for sintoma da vida que declina. (Ciência tomada como problema; o que significa ciência? — cf. o Prefácio ao *Nascimento da tragédia*.) Não! Esta "ciência moderna" — abram os olhos! é no momento a *melhor* aliada do ideal ascético, precisamente por ser a mais involuntária, inconsciente, secreta, subterrânea! Eles até agora jogaram o *mesmo* jogo, os "pobres de espírito" e os opositores científicos desse ideal (não se pense, direi de passagem, que eles sejam a sua antítese, algo assim como os ricos de espírito — *não* o são, eu os denominei hécticos do espírito). As famosas *vitórias* desses últimos: sem dúvida são vitórias — mas sobre o quê? Nelas o ideal ascético não foi de maneira alguma vencido, tornou-se antes mais forte, ou seja, mais inapreensível, espiritual, insidioso, a cada vez que uma muralha, uma fortificação que lhe fora acrescentada, e que lhe *vulgarizava* o aspecto, era atacada e demolida impiedosamente pela ciência. Acredita-se realmente que a derrota da astronomia teológica, por exemplo, representa uma derrota desse ideal?... Teria o homem *menos necessidade* de recorrer ao além para solucionar seu enigma de existir, agora que esse existir aparece como ainda mais gratuito, ínfimo e dispensável na *ordem visível* das coisas? Precisamente a autodiminuição do homem, sua *vontade* de diminuir-se, não se acha em avanço irresistível desde Copérnico? Oh, a crença em sua dignidade, singularidade, insubstituibilidade na hierarquia dos seres se foi — ele se tornou *bicho*, animal, sem metáfora, restrição ou reserva, ele, que em sua fé anterior era quase Deus ("filho de Deus", "homem-Deus")... Desde Copérnico o homem parece ter caído em um plano inclinado — ele rola, cada vez mais veloz, para longe do centro — para onde? rumo ao nada? ao "*lancinante* sentimento do seu nada"?... Muito bem! Não seria este o caminho reto — para o *velho* ideal?... *Toda* ciência (de modo algum apenas a astronomia, sobre cujo efeito humilhante e deprimente Kant fez uma notável confissão, "ela anula minha importância..."), toda ciência, a natural tanto como a *inatural* — assim chamo a autocrítica do conhecimento —, propõe-se hoje dissuadir o homem do apreço que até agora teve por si, como se este fosse tão somente uma extravagante presunção; poder-se-ia mesmo dizer que ela encontra seu orgulho, sua áspera forma de ataraxia estoica, em manter no homem esse autodesprezo penosamente conquistado, como seu último e melhor título ao apreço (com razão, de fato: pois aquele que despreza é ainda alguém que "não desaprendeu o prezar"...). É assim que se trabalha *contra* o ideal ascético?

Ainda se pensa realmente, com toda a seriedade (como imaginaram os teólogos durante algum tempo), que a *vitória* de Kant sobre a dogmática dos conceitos teológicos ("Deus", "alma", "liberdade", "imortalidade") tenha causado prejuízo a esse ideal? — não devendo nos interessar, no momento, se o próprio Kant teve a intenção de fazer tal coisa. É certo que, desde Kant, os transcendentalistas de toda espécie ganharam novamente a partida — eles se emanciparam dos teólogos: que felicidade! — Kant lhes mostrou o caminho secreto através do qual podem, por iniciativa própria e com o maior decoro científico, perseguir doravante os "desejos do seu coração". Do mesmo modo: quem poderia agora censurar os agnósticos, quando, adoradores do desconhecido e do misterioso em si, veneram o *ponto de interrogação mesmo* como Deus? (Xaver Doudan[106] fala dos *ravages* [estragos] produzidos por *l'habitude d'admirer l'inintelligible au lieu de rester tout simplement dans l'inconnu* [o hábito de admirar o ininteligível em vez de ficar simplesmente no desconhecido]; segundo ele, os antigos prescindiram desse hábito.) Posto que nada do que o homem "conhece" satisfaz seus desejos, antes os contradiz e amedronta, que divina escapatória, poder buscar a culpa disso não no "desejar", mas no "conhecer"!... "Não existe conhecer: *logo* — existe um Deus": que nova *elegantia syllogismi* [elegância do silogismo]! que *triunfo* do ideal ascético! —

26. — Ou quem sabe a moderna historiografia demonstrasse uma maior certeza de vida, certeza de ideal? Sua pretensão mais nobre está em ser *espelho*; ela rejeita qualquer teleologia; nada mais deseja "provar"; desdenha fazer de juiz, vendo nisto seu bom gosto — ela não afirma, e tampouco nega, ela constata, "descreve"... Tudo isso é ascético em alto grau; ao mesmo tempo, que não haja engano, é *niilista* em grau ainda mais elevado! Vemos um olhar triste, duro, porém decidido — um olho que *olha para longe*, como faz um explorador polar desgarrado (para não olhar para dentro? não olhar para trás?...). Há apenas neve, a vida emudeceu; as últimas gralhas que se fazem ouvir dizem "Para quê?", "Em vão!", "*Nada*!"[107] — nada mais cresce ou medra, no máximo metapolítica petersburguense e "compaixão" tolstoiana. Quanto àquela outra espécie de historiadores, ainda mais "moderna" talvez, espécie folgazã, voluptuosa, que flerta simultaneamente com a vida e com o ideal ascético, que usa a palavra "artista" como uma luva e que hoje monopolizou inteiramente o elogio da contemplação: oh, que saudade até mesmo de ascetas e paisagens invernais despertam esses doces espirituosos! Não! esses "contemplativos" que vão para o Diabo! Preferiria mil vezes vagar com aqueles niilistas históricos através da mais densa, cinza e fria névoa! — não me importaria sequer, tendo que escolher, dar ouvidos a um espírito completamente a-histórico, anti-histórico (como esse Dühring cujas modulações, na Alemanha de hoje, inebriam uma espécie até agora tímida e inconfessa de "almas belas", a *species anarchistica* no interior do proletariado culto). Muito piores são os "contemplativos" — nada conheço de mais nauseante que um desses "objetivos" de cátedra, um desses cheirosos hedonistas da história, meio pároco, meio sátiro, *parfum* Renan,[108] que já com o elevado falsete do seu aplauso revela o que lhe falta, *onde* lhe falta, *onde*, nesse caso, a cruel tesoura das Parcas foi manuseada de maneira oh! tão cirúrgica! Isso contraria meu gosto, e também minha paciência: que conserve sua paciência ante tais visões quem nada tem a perder — a mim me enfurece uma tal visão, tais "espectadores" me indispõem contra o "espetáculo", mais ainda que o espetáculo (a história mesma, entenda-se), de súbito me vêm humores anacreônticos. Essa natureza que deu ao touro os chifres, ao leão o *χάσμ' ὀδόντων* [abismo de dentes],[109] para que me deu ela os pés?... Para pisar, por santo Anacreonte! não só para correr; para pisotear essas cátedras podres, a contemplatividade covarde, o lúbrico "eunuquismo" diante da história, o flerte com ideais ascéticos, a tartufesca equanimidade da impotência. Todo o meu respeito ao ideal ascético, *na medida em que é honesto*! enquanto crê em si mesmo e não nos prega peças! Mas eu não suporto todos esses percevejos coquetes, cuja ambição é insaciável em farejar o infinito, até por fim o infinito cheirar a percevejos; não gosto desses túmulos caiados que parodiam a vida; não gosto desses fatigados e consumidos que se revestem de sabedoria e olham "objetivamente"; não gosto dos agitadores fantasiados de heróis que usam o capuz mágico do ideal em suas cabeças de palha; não gosto dos artistas ambiciosos que posam de sacerdotes e ascetas e no fundo não passam de trágicos bufões; tampouco me agradam esses novos especuladores em idealismo, os antissemitas, que hoje reviram os olhos de modo cristão-ariano-homem-de-bem, e, através do abuso exasperante do mais barato meio de agitação, a afetação moral, buscam incitar o gado de chifres que há no povo (— o fato de que *toda* espécie de charlatanismo espiritual obtenha sucesso na Alemanha de hoje tem relação com o inegável e já evidente *definhamento* do espírito alemão, cuja causa eu vejo em uma dieta demasiado exclusiva, composta de jornais, política, cerveja e música wagneriana, juntamente com o pressuposto para essa alimentação: a clausura e a vaidade nacionais, o forte, porém estreito, princípio de "*Deutschland, Deutschland über alles*",[110] e também a *paralysis agitans* [paralisia que agita, isto é, doença de Parkinson] das "ideias modernas"). A Europa de hoje é rica e inventiva sobretudo em meios de excitação, parece nada mais necessitar senão estimulantes e aguardentes: daí também a imensa falsificação de ideais, essas fortíssimas aguardentes do espírito, daí também o ar repugnante, malcheiroso, mendaz, pseudoalcoólico, que em toda parte se encontra. Quisera saber quantos carregamentos de arremedo de idealismo, de atavios de heróis e matracas de ressonantes palavras, quantas toneladas de licorosa compaixão (nome da firma: *la religion de la souffrance* [a religião do sofrimento]), quantas muletas de "nobre indignação" para socorro dos pés-chatos do espírito, quantos *comediantes* do ideal cristão-moral deveriam ser exportados hoje da Europa, para que seu ar se tornasse novamente respirável... Evidente que com esta superprodução abre-se uma nova possibilidade de *comércio*, evidentemente há um novo "negócio" a fazer com pequenos ídolos de ideais e correspondentes "idealistas" — não se deixe de ouvir esta clara alusão! Quem tem coragem bastante para isso? — está em nossas *mãos* "idealizar" a Terra inteira!... Mas por que falo de coragem: aí se faz necessária uma só coisa, precisamente a mão, uma mão sem prevenções, inteiramente livre de prevenções...

27. — Basta! Basta! Deixemos essas curiosidades e complexidades do espírito moderno, nas quais há tanto para rir quanto para aborrecer-se: pois *nosso* problema, o problema da *significação* do ideal ascético, pode dispensá-las — que tem ele a ver com o hoje e o ontem! Tais coisas serão por mim tratadas em outro contexto, com maior profundidade e severidade (sob o título de "História do niilismo europeu"; numa obra que estou preparando: *A vontade de poder. Ensaio de tresvaloração de todos os valores*). O que me interessa deixar aqui indicado é isto: também na esfera mais espiritual o ideal ascético continua encontrando, no momento, apenas *um* tipo de inimigo verdadeiro capaz de *prejudicá-lo*: os comediantes desse ideal — porque despertam desconfiança. Em toda outra parte onde o espírito esteja em ação, com força e rigor, e sem falseamentos, ele dispensa por completo o ideal — a expressão popular para essa abstinência é "ateísmo" —: *excetuada a sua vontade de verdade*. Mas essa vontade, esse resto de ideal, é, se me acreditam, esse ideal mesmo em sua formulação mais estrita e mais espiritual, esotérico ao fim e ao cabo, despojado de todo acréscimo, e assim não tanto resto quanto *âmago*. O ateísmo incondicional e reto (— e somente *seu* ar é o que respiramos, nós, os homens mais espirituais dessa época!) não está, portanto, em oposição a esse ideal, como parece à primeira vista; é, isto sim, uma das últimas fases do seu desenvolvimento, uma de suas formas finais e consequências internas — é a apavorante *catástrofe*[111] de uma educação para a verdade que dura dois milênios, que por fim se proíbe *a mentira de crer em Deus*. (O mesmo desenvolvimento na Índia, em completa independência e por isso com algum valor de prova; o mesmo ideal levando ao mesmo fim; o ponto decisivo alcançado cinco séculos antes do calendário europeu, com Buda; mais precisamente, com a filosofia Sankhya, em seguida popularizada por Buda e transformada em religião.) *O que*, pergunta-se com o máximo rigor, *venceu* verdadeiramente o Deus cristão? A resposta está em minha *Gaia ciência*, § 357: "A própria moralidade cristã, o conceito de veracidade entendido de modo sempre mais rigoroso, a sutileza confessional da consciência cristã, traduzida e sublimada em consciência científica, em asseio intelectual a qualquer preço. Ver a natureza como prova da bondade e proteção de um Deus; interpretar a história para a glória de uma razão divina, como permanente testemunho de uma ordenação moral do mundo e de intenções morais últimas; explicar as próprias vivências como durante muito tempo fizeram os homens pios, como se fosse tudo previdência, tudo aviso, tudo concebido e disposto para a salvação da alma: isso agora *acabou*, isso tem a consciência *contra* si, as consciências refinadas o veem como indecoroso, desonesto, como mentira, feminismo,[112] fraqueza, covardia — devemos a este rigor, se devemos a algo, o fato de sermos *bons europeus* e herdeiros da mais longa e corajosa autossuperação da Europa"... Todas as grandes coisas perecem por obra de si mesmas, por um ato de autossupressão: assim quer a lei da vida, a lei da *necessária* "autossuperação" que há na essência da vida — é sempre o legislador mesmo que por fim ouve o chamado: "*patere legem, quam ipse tulisti*" [sofre a lei que tu mesmo propuseste]. Desta maneira pereceu o cristianismo *como dogma*, por obra de sua própria moral; desta maneira, também o cristianismo *como moral* deve ainda perecer — estamos no limiar deste acontecimento. Depois que a veracidade cristã tirou uma conclusão após outra, tira enfim sua *mais forte conclusão*, aquela *contra* si mesma; mas isso ocorre quando coloca a questão: "*que significa toda vontade de verdade?*"... E aqui toco outra vez em meu problema, em nosso problema, meus caros, desconhecidos amigos (— pois ainda não sei de nenhum amigo!): que sentido teria nosso ser, senão o de que em nós essa vontade de verdade toma consciência de si mesma *como problema*?... Nesta gradual consciência de si da vontade de verdade — disso não há dúvida — perecerá doravante a moral: esse grande espetáculo em cem atos reservados para os próximos dois séculos da Europa, o mais terrível, mais discutível e talvez mais auspicioso entre todos os espetáculos...

28. Se desconsideramos o ideal ascético, o homem, o *animal* homem, não teve até agora sentido algum. Sua existência sobre a terra não possuía finalidade; "para que o homem?" — era uma pergunta sem resposta; faltava a *vontade* de homem e terra; por trás de cada grande destino humano soava, como um refrão, um ainda maior "Em vão!". O ideal ascético significa precisamente isto: que algo *faltava*, que uma monstruosa *lacuna* circundava o homem — ele não sabia justificar, explicar, afirmar a si mesmo, ele *sofria* do problema do seu sentido. Ele sofria também de outras coisas, era sobretudo um animal *doente*: mas seu problema não era o sofrer mesmo, e sim que lhe faltasse a resposta para o clamor da pergunta "*para que sofrer?*". O homem, o animal mais corajoso e mais habituado ao sofrimento, *não* nega em si o sofrer, ele o *deseja*, ele o procura inclusive, desde que lhe seja mostrado um *sentido*, um *para quê* no sofrimento. A falta de sentido do sofrer, *não* o sofrer, era a maldição que até então se estendia sobre a humanidade — *e o ideal ascético lhe ofereceu um sentido!* Foi até agora o único sentido; qualquer sentido é melhor que nenhum; o ideal ascético foi até o momento, de toda maneira, o "*faute de mieux*" [mal menor] *par excellence*. Nele o sofrimento era *interpretado*; a monstruosa lacuna parecia preenchida; a porta se fechava para todo niilismo suicida. A interpretação — não há dúvida — trouxe consigo novo sofrimento, mais profundo, mais íntimo, mais venenoso e nocivo à vida: colocou todo sofrimento sob a perspectiva da *culpa*... Mas apesar de tudo — o homem estava *salvo*, ele possuía um *sentido*, a partir de então não era mais uma folha ao vento, um brinquedo do absurdo, do sem-sentido, ele podia *querer* algo — não importando no momento para que direção, com que fim, com que meio ele queria: *a vontade mesma estava salva*. Não se pode em absoluto esconder o que expressa realmente todo esse querer que do ideal ascético recebe sua orientação: esse ódio ao que é humano, mais ainda ao que é animal, mais ainda ao que é matéria, esse horror aos sentidos, à razão mesma, o medo da felicidade e da beleza, o anseio de afastar-se do que seja aparência, mudança, morte, devir, desejo, anseio — tudo isto significa, ousemos compreendê-lo, uma *vontade de nada*, uma aversão à vida, uma revolta contra os mais fundamentais pressupostos da vida, mas é e continua sendo uma *vontade*!... E, para repetir em conclusão o que afirmei no início: o homem preferirá ainda *querer o nada* a *nada querer*...

NOTAS

Como nos outros volumes da Coleção das Obras de Nietzsche, estas notas visam apenas esclarecer alusões, precisar o sentido de alguns termos e justificar as soluções do tradutor.

As edições da *Genealogia da moral* utilizadas para esta tradução foram a de Karl Schlechta (Frankfurt, Ullstein, 1979) e a de Colli e Montinari (Munique, DTV, 2ª ed., 1980). As versões estrangeiras consultadas foram: a espanhola, feita por Andrés Sánchez Pascual (Madri, Alianza, 1971); a catalã, por Joan Leita (Barcelona, Edicions 62, 1995); a italiana, por Ferruccio Masini (Milão, Mondadori, 1979); duas francesas, uma antiga, por Henri Albert (Paris, Mercure de France, 1908), e uma nova, por Isabelle Hildenbrand e Jean Gratien (Paris, Gallimard, 1971); duas em inglês, a de Walter Kaufmann e R. J. Hollingdale (Nova York, Vintage, 1969), e a de Douglas Smith (Oxford University Press, 1996).

A tradução do título pede um esclarecimento preliminar. Alguns comentadores de Nietzsche preferem dizer *Para a genealogia da moral.* Isso porque a preposição do título original — *Zur Genealogie der Moral* — pode, em princípio, significar "sobre" (a propósito de) ou "para" (no sentido de "contribuição a"). Essa preposição ocorre em muitos títulos alemães. Na *Contribuição à crítica da economia política* (*Zur Kritik der politischen Ökonomie*), de Karl Marx, por exemplo; ou na *História do movimento psicanalítico* (*Zur Geschichte der psychoanalytischen Bewegung*), de Sigmund Freud; ou no poema "Sobre o suicídio do refugiado W. B." (*Zum Freitod des Flüchtlings W. B.*), de Bertolt Brecht (*zum* é a contração de *zu* e *dem*, declinação do artigo masculino *der*; *zur* é outra contração da preposição). Como se vê nessas traduções dos três títulos, há momentos em que o *zu* significa "sobre" ou "contribuição a", e outras situações em que se admite apenas o primeiro sentido, como no poema de Brecht. No caso de se omitir a preposição quando se traduz — a solução mais elegante, e que adotamos aqui —, o problema é dar uma ideia mais abrangente do que a pretendida pelo autor: a breve narrativa de Freud não constitui uma *história* do movimento que liderou, e Nietzsche quer contribuir para ou registrar o que pensa a respeito da genealogia da moral. Uma complicação adicional, por fim, é que esta bendita preposição também pode significar, conforme o contexto, "em direção a". Por isso a versão mais comum deste livro, em inglês, intitula-se *On the genealogy of morals*; mas há comentadores que preferem *Toward the genealogy of morals.* Esta nuance de sentido, devemos reconhecer, é transmitida pela preposição "para" — infelizmente, muito deselegante para constar no título de um pensador que foi também um grande estilista.

PRÓLOGO (pp. 7-14)

(1) Esse "alguém" é Jesus Cristo: cf. *Mateus*, 6, 21 (Sermão da Montanha). Outras referências literárias à Antiguidade, nesse primeiro parágrafo, incluem o oráculo de Delfos ("Conhece-te a ti mesmo") e Terêncio ("Sou o mais próximo de mim mesmo").

(2) "O coração dividido entre os brinquedos e Deus" — citação de Goethe: *halb Kinderspiele, halb Gott im Herzen* (*Fausto*, versos 3781-2).

(3) Paul Rée (1849-1901): pensador alemão de origem judaica, amigo de Nietzsche num certo período.

(4) Nietzsche gosta de utilizar expressões estrangeiras, naturalmente sem traduzi-las. Na presente edição, optamos por fornecer a tradução — literal ou aproximada — entre colchetes, logo após o original. Quanto à pontuação de Nietzsche, nota-se que ela é bastante pessoal. Ele recorre frequentemente a sinais de dois-pontos, ponto e vírgula e travessão. Buscamos respeitar ao máximo essa pontuação, já que é inseparável do seu estilo.

(5) "Dourado, divinizado, idealizado": *vergoldet*, *vergöttlicht*, *verjenseitigt*. A tradução desse último termo como "idealizado" é apenas uma aproximação. Trata-se de um verbo forjado por Nietzsche a partir do substantivo *Jenseits* ("além"); significaria, portanto, "transposto para o além", "tornado transcendente".

(6) "*Tartufice*": *Tartüfferie*, no original; hipocrisia, falsidade. Conforme o personagem Tartufo, da peça homônima de Molière.

(7) "Que se tenha lido minhas obras anteriores": aqui, como em outros momentos, decidimos usar o verbo no singular, diferentemente da prática mais comum (em que se diria "tenham"). Isso por considerar que o "se" tem função de sujeito, equivalendo ao *on* francês e ao *man* alemão. Ver, a propósito, M. Rodrigues Lapa, *Estilística da língua portuguesa*, São Paulo, Martins Fontes, 1988, p. 164.

PRIMEIRA DISSERTAÇÃO: "BOM E MAU", "BOM E RUIM" (pp. 15-42)

(8) "Valoração" é como traduzimos *Wertschätzung*; *Wert* = valor; *Schätzung* é o substantivo de *schätzen* = estimar, avaliar.

(9) Henry Thomas Buckle (1821-62): historiador positivista inglês, autor de *História da civilização*.

(10) Esta afirmação de Nietzsche não é confirmada pela moderna pesquisa etimológica. Segundo Pierre Chantraine (*Dictionnaire étymologique de la langue grecque*, Paris, 1968), trata-se de uma palavra arcaica de origem incerta. Também a relação que ele faz pouco adiante, entre a palavra latina *malus* e o grego melas, não é coisa estabelecida. Estas informações são cortesia da professora Anna Lia A. de Almeida Prado, do Departamento de Clássicas e Vernáculas da Faculdade de Filosofia, Letras e Ciências Humanas da Universidade de São Paulo (USP).

(11) *Hic niger est* significa literalmente "esse é negro". São palavras de Horácio, *Sátiras*, I, 4, 85: "Quem calunia um amigo ausente... e não guarda segredos, esse é negro, ó Romano, cuidado!" (segundo nota do tradutor Walter Kaufmann).

(12) Fin-Gal: herói mítico irlandês do século III a. C.

(13) Rudolph Virchow (1821-1902): cientista e político alemão, um dos fundadores da antropologia moderna.

(14) "Atavismo" é como traduzimos *Nachschlag*. Nas traduções consultadas encontramos: *contragolpe* (esp.), *reacció* (catalão) *contraccolpo* (it.), *atavis-me* (fr.), *counterattack*, *atavistic throwback* (ingl.).

(15) Silas Weir Mitchell (1829-1914): médico americano, autor de *Gordura e sangue* (1895); seu tratamento consistia em isolamento, repouso, dieta e massagem.

(16) "Tresvaloração dos valores": sobre essa tradução dada à expressão *Umwertung der Werte*, ver a nota do tradutor em Nietzsche, *Ecce homo*, trad. Paulo César de Souza, São Paulo, Companhia das Letras, 1995, nota 5.

(17) *Klug*, aqui traduzido por "inteligente", é também "sagaz" e "prudente". A palavra estrangeira que mais se aproxima dela, semanticamente, é a inglesa *clever*. *Klugheit*, o substantivo, é a *cleverness*.

(18) Honoré Gabriel de Riqueti, conde de Mirabeau (1749-91): escritor e político francês.

(19) "Amor aos inimigos": alusão ao Novo Testamento (*Mateus*, 5, 43-4).

(20) A frase se acha em Tucídides, *A guerra do Peloponeso*, II, 41. Aqui ela foi traduzida do alemão de Nietzsche. Eis a mesma frase em tradução do original grego: "Compelimos todo o mar e toda a Terra a dar passagem à nossa audácia, e em toda parte plantamos monumentos imorredouros dos males e dos bens que fizemos" (por Mario da Gama Kury, Editora da Universidade de Brasília/Hucitec, 1982, p. 100). A respeito da última oração há a seguinte nota do tradutor: "Subentende-se: 'dos males feitos aos inimigos e dos bens feitos aos amigos'". A passagem é mais controversa, porém, como deixa claro uma nota de Maurice de Gandillac à nova edição francesa. Verificando o texto grego, Gandillac observa que a expressão original significa provavelmente "monumentos eternos de nossos castigos e benefícios [*nos châtiments et bienfaits*]". Mas prossegue, registrando uma dificuldade: "Em sua edição de 1877 (Utrecht), Herwerden sugeria um erro de copista e lia, de maneira

mais tranquilizadora, καλων [em vez de καλῶν] τε κἀγαθων ('de tudo o que fizemos de belo e de bom'). Croiset julga a conjectura 'quase certa'. Mme de Romilly, em sua edição da coleção Budé, atém-se ao manuscrito e traduz: 'lembranças de males e de bens'. Outras interpretações: Jean Voilquin (Clássicos Garnier) traduz: 'derrotas infligidas a nossos inimigos e nossas vitórias', e Denis Roussel (Pléiade): 'de nossos empreendimentos, tanto nossas derrotas como nossos êxitos'. Nenhuma dessas interpretações deixa de ter problemas. Em qualquer hipótese, a exegese de Nietzsche é inteiramente pessoal".

(21) "Certa vez chamei a atenção para o embaraço de Hesíodo": cf. *Aurora*, § 189. Nietzsche se refere a uma passagem de *Os trabalhos e os dias*, de Hesíodo (versos 106-201; pp. 31-7 da tradução de Mary de Camargo Neves Lafer, Ed. Iluminuras, Biblioteca Pólen, 1990).

(22) "Reverência": *Ehrfurcht*; "temor": *Furcht*; *ehren* = honrar.

(23) "Impulso" é a tradução que aqui demos a *Trieb*. Nas demais traduções da *Genealogia* encontramos: *pulsión*, *tendència*, *istinti*, *instincts* (ambas as francesas), *drive* (as duas de língua inglesa). Para um comentário sobre o uso desse termo em Nietzsche, ver nota 5 da nossa tradução de *Além do bem e do mal* (Companhia das Letras, 1992). Para uma discussão mais abrangente do termo, ver Paulo César de Souza, *As palavras de Freud — O vocabulário freudiano e suas versões* (São Paulo, Ática, 1998).

(24) *Aber es gibt kein solches Substrat; es gibt kein "Sein" hinter dem Tun, Wirken, Werden; "der Täter" ist zum Tun bloss hinzugedichtet — das Tun ist alles.* Observe-se que a mesma palavra foi traduzida como "o fazer" e "a ação". Trata-se do verbo *tun* ("fazer"; *do*, em inglês), transformado em substantivo no texto, e por isso escrito com maiúscula (todo verbo pode ser substantivado no alemão). Os outros dois verbos aí substantivados, termos importantes em Nietzsche, são *wirken* — "atuar, operar, causar um efeito" — e *werden* — "devir, vir a ser, tornar-se".

(25) "Falsos filhos": a palavra que Nietzsche emprega, *Wechselbalg*, é bem mais rica de sentido; designa a criança feia ou deformada que a superstição popular acredita haver sido trocada por maus espíritos, logo após o nascimento. Em inglês se diz *changeling*.

(26) "Eles não sabem o que fazem": *Lucas*, 23, 34.

(27) "Deus ordena que seja honrada a autoridade": *Romanos*, 13, 1-2.

(28) "Falta de Deus": *Gottlosigkeit*; em inglês, *godlessness*. A citação de Homero, feita logo depois, acha-se na *Ilíada*, canto 18, verso 109.

(29) As palavras acima da entrada do Inferno são, mais precisamente: *Fecemi la divina potestate / La somma sapienza e 'l primo amore* (Dante, *Divina commedia*, "Inferno", III, 5-6).

(30) "Um triunfante Pai da Igreja": Tertuliano (*circa* 155-220 d. C.).

(31) Nietzsche faz esta longa citação de Tertuliano sem se preocupar com o leitor que não lê o latim. A versão que oferecemos foi feita a partir de tradu-

ções em línguas modernas, e depois cotejada com o original pela professora Anna Lia A. de Almeida Prado.

(32) Radamanto e Minus: na mitologia grega, eram irmãos e reis de Creta, que depois da morte se tornaram juízes no mundo inferior.

(33) Citação do historiador Tácito, *Anais*, XV, 44.

(34) "Inumano e sobre-humano": na verdade, Nietzsche usa substantivos, *Unmensch* e *Übermensch*; o primeiro significa "monstro" (literalmente, "não-homem"), o segundo é o famoso "super-homem" nietzschiano. Ver, a propósito, a nota a essa tradução do termo, em *Ecce homo*, pp. 124-5.

(35) "*Além do bem e do mal*"/"Além do bom e do ruim": no original, *Jenseits von Gut und Böse*/ *Jenseits von Gut und Schlecht*. Ao longo desta primeira dissertação, Nietzsche diferencia "bom e mau", *gut und böse*, de "bom e ruim", *gut und schlecht*: aquela, a oposição que expressa valores judaico-cristãos; esta, a oposição ingênua, pagã, subvertida ("tresvalorada") pelos fracos e ressentidos. Por isso, *böse* foi aqui traduzido por "mau" e *schlecht* por "ruim", embora não tenhamos, em português, etimologia equivalente ao *schlecht-schlicht* (e mesmo em alemão não é possível coerência absoluta: *schlechtes Gewissen* é a "má consciência"). Sobre a versão de *Jenseits von Gut und Böse* por *Além do bem e do mal* — e não *Para além de bem e mal*, como às vezes se encontra —, ver nota 15 da nossa tradução de *Além do bem e do mal*.

SEGUNDA DISSERTAÇÃO: "CULPA", "MÁ CONSCIÊNCIA" E COISAS AFINS (pp. 43-79)

(36) "Assimilação psíquica": Nietzsche usa a palavra *Einverseelung*, criada a partir de *Seele*, "alma". Os tradutores da edição americana também inovaram: "*inpsychation*". Os demais oferecem *asimilación anímica*, *incorporació anímica*, *appropriazione spirituale*, *absorption psychique* e, como nós, *assimilation psychique*, *psychic assimilation*. Na mesma frase, "assimilação física" é a tradução para *Einverleibung*, esta uma palavra dicionarizada, que serviu de modelo para a criação da primeira. *Leib* significa "corpo". Kaufmann e Hollingdale usam *incorporation*; o novo tradutor inglês, Douglas Smith, prefere também *psychical assimilation*.

(37) "Moralidade do costume": *Sittlichkeit der Sitte*. Nas traduções consultadas, *eticidad de la costumbre*, *moralitat dels costums*, *eticità dei costumi*, *moralité des moeurs*, *morality of mores*, *morality of custom*. Ver, sobre a expressão, a nota de Rubens Rodrigues Torres Filho, no volume dedicado a Nietzsche da coleção "Os Pensadores" (Abril Cultural), por ele traduzido. A nota se encontra à página 159, onde também pode ser lido o § 9 de *Aurora*, "Conceito da eticidade do costume".

(38) Em alemão existem dois termos para "consciência": *Bewußtsein* designa o estado de consciência, a percepção (significa, ao pé da letra, "estar cons-

ciente"); *Gewissen* designa a consciência moral, a faculdade de fazer distinções morais.

(39) "Culpa" e "dívida": em alemão há uma só palavra para as duas, *Schuld*. Ter presente essa identificação é essencial para acompanhar o argumento de Nietzsche. E é bom recordar, a propósito, a mudança introduzida na oração do "Padre-Nosso" pela Igreja católica: "perdoai nossas dívidas, assim como nós perdoamos aos nossos devedores" deu lugar a "perdoai nossas ofensas, assim como nós perdoamos a quem nos tem ofendido".

(40) Segundo o tradutor espanhol Andrés Sánchez Pascual, este é um dos preceitos da terceira das Doze Tábuas. Ele aponta um pequeno erro na citação: o texto da lei romana diz "*se*(d) fraude esto".

(41) *Faire le mal pour le plaisir de le faire*: literalmente, "fazer o mal pelo prazer de fazê-lo"; segundo Colli e Montinari, trata-se de uma citação do romancista Prosper Merimée, extraída de *Lettres à une inconnue*, I, 4 (Paris, 1874).

(42) Inocêncio III foi papa entre 1198 e 1216; escreveu *De miseria humanae conditionis*, do qual, ao que tudo indica, Nietzsche retirou a citação que faz entre parênteses.

(43) "Sublimação e sutilização": *Sublimierung und Subtilisierung*; sobre o termo "sublimação", ver nota 101 da nossa tradução de *Além do bem e do mal*.

(44) "Livre-arbítrio": *freie Wille*; literalmente, "vontade livre".

(45) *Manas*: segundo Douglas Smith, significa "consciência", em sânscrito.

(46) "O 'sem-paz'": *der "Friedlose"*, ou o "proscrito", o "fora da lei", o que está banido dos limites (*Einfriedigung*) da comunidade.

(47) Transcrevemos a nota de Rubens Rodrigues Torres Filho, que contém o que há de relevante a dizer nesse caso: "A palavra *Elend*, 'miséria', 'calamidade', tem esse sentido ao término de uma evolução semântica que começa com o vocábulo *ellende*, do velho-alto-alemão, na significação de *Ausland* (país estrangeiro) para onde vai o banido, o proscrito. A raiz é a mesma do latim *alius*, 'outro'" ("Os Pensadores", p. 306).

(48) "O criminoso é sobretudo um 'infrator'": *der Verbrecher ist vor allem ein "Brecher"*; *brechen* = quebrar.

(49) Em alemão há apenas uma palavra para "castigo" e "pena judicial".

(50) "Autossupressão da justiça": *Selbstaufhebung der Gerechtigkeit*. O verbo *aufheben* significa primariamente "levantar, pegar (algo do chão)", e também "conservar, guardar" ou "cancelar, abolir, acabar". Com base na riqueza de sentidos do termo, Hegel o elaborou e transformou em conceito filosófico — prática comum na filosofia de língua alemã. No texto de Nietzsche, porém, *Aufhebung* tem claramente o significado de "supressão, cancelamento". Por isso não se justifica a expressão *self-overcoming of justice*, usada por Walter Kaufmann ("autossuperação da justiça"). O novo tradutor inglês o critica acertadamente nesse ponto e recorre a *self-cancellation*, em harmonia com os demais tradutores (que também usam "autossupressão").

(51) O que nessa frase foi vertido como "depois" corresponde a *nachträglich*, no original. Os demais tradutores também utilizam um advérbio de tempo semelhante, ou o omitem simplesmente. O tradutor Douglas Smith, porém, recorre a *retroactively*, e para justificar esse uso invoca analogias com a noção freudiana de *Nachträglichkeit*, apresentada no caso clínico do Homem dos Lobos, de 1918. A meu ver, Smith incorre no mesmo tipo de erro que indigitou em Kaufmann, no caso de *Aufhebung*: confunde o sentido especial, "técnico", que um termo assumiu em outro contexto, num outro autor, com o sentido geral, inespecífico, em que esse vocábulo é usado por Nietzsche. Por analogia com "anacronismo", podemos chamar esse equívoco de "anatopismo": o conceito está fora de seu lugar. Para uma discussão de *nachträglich* na psicanálise, ver Paulo César de Souza, *As palavras de Freud* (op. cit.).

(52) Eugen Dühring (1833-1921): filósofo e economista político alemão; foi criticado por Friedrich Engels em *Anti-Dühring* (1878).

(53) "Sentimentos de reação e rancor": *Gegen-und Nachgefühle*. Nas outras traduções: *sentimientos contrarios e imitativos*, *sentiments contraris i secundaris*, *sentimenti avversi e pervicaci* [adversos e obstinados], *sentiments réactifs*, *grudges and rancor*, *reactive and retroactive feelings*. A preposição *nach* significa, enquanto indicação de tempo, "depois" (indicando direção no espaço, o que não é o caso, significa "para"). Na formação de palavras compostas, pode ter os sentidos de imitação, de repetição, de consecutividade, de permanência, e outros mais. É interessante que esses vários sentidos sejam ilustrados pelas diferentes traduções dadas a *Nachgefühle*, reproduzidas acima. Entre elas, a mais pertinente me parece ser a de Kaufmann (a penúltima), pois ele considera a acepção de permanência ou inflexibilidade do sentimento — tangenciada na versão italiana —, de que é exemplo conhecido o verbo *nachtragen* (lit. "carregar depois", ou seja, guardar rancor de alguém). Quanto à versão britânica (a última), Smith reincidiu na aproximação com o conceito psicanalítico, já apontada anteriormente.

(54) *Misarchismus*, de *misséo* (odiar) e *árcho* (governar): ódio a todo governo.

(55) Thomas H. Huxley (1825-95): biólogo inglês, partidário de Darwin; avô do romancista Aldous Huxley e do também biólogo Julian Huxley. Herbert Spencer (1820-1903): pensador inglês; usou a teoria da evolução no estudo da sociologia e da psicologia.

(56) "Remorso": em alemão, *Gewissensbiß*, que literalmente significa "mordida na consciência".

(57) Kuno Fischer (1824-1907): professor em Heidelberg; autor de uma história da filosofia moderna em dez volumes, um dos quais dedicado a Spinoza.

(58) "Prudência": *Klugheit*; ver nota 10.

(59) "Os impulsos reguladores, inconscientemente certeiros": *die regulierenden unbewußt-sicherführenden Triebe*, ou "os impulsos reguladores, que de modo inconsciente guiam com segurança".

(60) Alusão ao fragmento 52 de Heráclito: "Tempo é criança brincando, jogando; de criança o reinado" (trad. José Cavalcante de Souza, em *Os pré-socráticos*, "Os Pensadores", Abril Cultural, 1973, p. 90; ver também a nota do tradutor sobre o fragmento). Cf. uma tradução inglesa, citada por Douglas Smith: "*Lifetime is a child at play, moving pieces in a game. Kingship belongs to the child*" (trad. Charles H. Kahn).

(61) "No labirinto do peito": citação do poema *An den Mond* [À lua], de Goethe. A estrofe em que está o verso diz: "Aquilo que, não sabido/ ou não pensado pelos homens,/ No labirinto do peito/ Vaga durante a noite" (*Was, von Menschen nicht gewusst/ Oder nicht bedacht/ Durch das Labyrinth der Brust/ Wandelt in der Nacht*).

(62) *Geschlecht*, que em geral pode significar "sexo, gênero, espécie, descendência, prole, raça, geração, estirpe, linhagem, tribo, família".

(63) *Zweite Unschuld*; como vimos, *Schuld* = culpa/dívida; de maneira correspondente, *Unschuld* = inocência.

(64) *Pflicht*: "dever" no sentido de "obrigação". Logo adiante, a palavra *Zurückschiebung* foi traduzida por "afundamento", nas duas vezes em que ocorre (*schieben* significa literalmente "empurrar"; *zurück*, "para trás"). Nas outras versões consultadas: *repliegue*, *retirament*, *spostamento/il loro spostarsi indietro*, *refoulement*, *their pushing back/their being pushed back*, *the way* [they] *are pushed back/their being pushed back*.

(65) "Crueldade reprimida" é também o que as versões inglesa (americana) e catalã usaram para *zurückgetretene Grausamkeit*. Mas não é uma tradução que satisfaça plenamente. O verbo *zurücktreten* significa "recuar, retroceder". As outras versões oferecem *pospuesta* (esp.), *rintuzzata* (it.), *rentrée* (fr.), *downtrodden* (brit.).

(66) Egisto: na mitologia grega, filho de Tiestes e da sua própria filha, Pelopeia. Assassinou o padrasto, Atreu, rei de Micenas, que havia matado os filhos do irmão, Tiestes; seduziu Clitemnestra, esposa de Agamênon, e depois assassinou este. Foi morto por Orestes, filho de Agamênon. Para mais detalhes, ver o *Dicionário da mitologia grega e latina*, de Pierre Grimal (São Paulo, Martins Fontes, 2ª ed., 1993). A citação de Homero, feita em seguida por Nietzsche, é da *Odisseia*, I, 32-4.

(67) "Autoexperimentação" não é rica como o original, *Selbst-Tierquälerei*; *Selbst* é o *self* inglês; *Tierquälerei* é a tortura de animais. Na tradução-paráfrase da edição espanhola, *la autotortura de ese animal que nosotros somos.*

(68) A palavra *Antichrist* pode significar tanto "Anticristo" como "anticristão".

TERCEIRA DISSERTAÇÃO:
O QUE SIGNIFICAM IDEAIS ASCÉTICOS? (pp. 80-140)

(69) *Assim falou Zaratustra*, I, "Do ler e escrever".

(70) "Casamento de Lutero": tema de um drama que Wagner não chegou a compor. *Os mestres cantores de Nuremberg*: ópera de Wagner (1868).

(71) Hafiz (1325-89): um dos maiores poetas líricos da Pérsia, autor de *Divã*.

(72) Ludwig Feuerbach (1804-72): pensador alemão, precursor de Karl Marx; autor de *A essência do cristianismo* (1841).

(73) "Do 'real', do efetivo": *vom "Realen", vom Wirklichen*. Nietzsche usa duas palavras, uma latina, a outra alemã — dois adjetivos substantivados —, que designam a mesma coisa. Ou quase: *wirklich* corresponde ao verbo *wirken*, que significa "atuar", "ter efeito (*Wirkung*)" sobre a realidade (*Wirklichkeit*). Logo, a *Wirklichkeit* é o campo de atuação do ser; tem um sentido mais "ativo" que a "realidade" latina. Cf. "Os Pensadores", p. 197, nota do tradutor Rubens Rodrigues Torres Filho.

(74) Reproduzimos a nota do tradutor Andrés Sánchez Pascual: "*Die Milch der frommen Denkart* (La leche del modo devoto de pensar) es un conocido verso de Schiller en *Guillermo Tell* (acto quarto, escena tercera); Nietzsche lo parodia aquí añadiendo *reichsfromm* (devoto del *Reich*)". Resta acrescentar que o mencionado *Reich* — palavra que significa "reino", "império" — é o Estado fundado por Bismarck em 1871.

(75) Georg Herwegh (1817-75): poeta alemão; após a revolução de 1848 exilou-se na Suíça, como Wagner.

(76) Cf. Kant, *Crítica do juízo* (1790), seção 2; Stendhal, *Roma, Nápoles e Florença* (1854).

(77) Na mitologia grega, Pigmalião é o escultor que se apaixona por uma estátua feminina que fez.

(78) Íxion ou Ixião: personagem da mitologia grega. Devido a um sacrilégio, Íxion foi castigado por Zeus, que o prendeu a uma roda em chamas a girar; como, ao perdoá-lo de um crime anterior, Zeus o havia tornado imortal, esse castigo jamais teve fim.

(79) "Cabeça oca, vasilha oca": *Hohlkopf, Hohltopf*. Seria possível um trocadilho com "cabaça", que deixamos de fazer...

(80) "*Nitimur in vetitum*": "lançamo-nos ao proibido". Uma das citações favoritas de Nietzsche, retirada dos *Amores*, de Ovídio. O seu contexto ajuda a entender por que ela o atraía: "Recentemente vi um cavalo que resistia à brida; sua boca havia rejeitado o freio; ele voava como o raio. Ele parou, tão logo sentiu que afrouxavam suas rédeas, e que elas repousavam sobre sua crina, que tremulava ao vento. Nós nos lançamos ao que é proibido, e ansiamos o que nos é negado" (Ovide, *Les amours*, texte établi et traduit par Henri Bornecque, "Les Belles Lettres", Paris, 1968, III, 4).

(81) "Híbris": palavra com que os antigos gregos designavam todo comportamento arbitrário, arrogante, desrespeitador dos direitos do próximo e das normas da comunidade. No sentido mais geral, aquele em que é empregada por Nietzsche, era — é — a violação soberba das leis divinas ou naturais.

(82) Reproduzimos a nota de Douglas Smith: "Carlos, o Temerário, duque da Burgúndia (1467-77), falhou na tentativa de restabelecer seu ducado como um poder regional perante a ambição centralizadora de Luís XI, sobre o qual afirmou: 'Eu combato a aranha universal'".

(83) É pertinente lembrar que, como muitas outras línguas, o alemão tem apenas um verbo (*sein*) para "ser" e "estar". Logo, a frase também pode ser lida como "ser doente é instrutivo... mais instrutivo que ser são" (ou "sadio", pois novamente há uma só palavra em alemão).

(84) *Jus primae noctis*: direito, que tinha o senhor feudal, de deflorar a noiva do seu servo.

(85) *Crux*, *nux*, *lux*: segundo Walter Kaufmann (citando estudo de E. Podach sobre os cadernos de Nietzsche), entre as anotações de Nietzsche se acha um esboço de título que diz: "*Nux et crux. Uma filosofia para dentes bons*". Nas notas da edição Colli e Montinari, porém, a única referência diz respeito à seguinte anotação, do outono de 1881: "Friedrich Nietzsche/ no fim de sua segunda/ estada em Gênova./ [*lux mea crux*]/ [*crux mea lux*]" (vol. 9, 12 [231]). A primeira informação é que lança alguma luz — ainda que pálida — sobre o inusitado aparecimento de uma "noz" entre as duas outras palavras (mas lembremos também, ou sobretudo, os "quebra-nozes da alma", na seção 9 dessa mesma dissertação). Alguns editores preferiram ler "*nox*" [noite] no lugar de "*nux*". Douglas Smith diz que apenas Colli e Montinari apresentam a versão correta — o que não é verdade: também na edição de Karl Schlechta se lê "*Crux*, *nux*, *lux*".

(86) *Es gibt* nur *ein perspektivisches Sehen*, nur *ein perspektivisches* "*Erkennen*". *Sehen* foi aqui traduzido por "visão"; é o mesmo verbo que na frase anterior, embora igualmente substantivado, foi traduzido por "ver". *Erkennen* = conhecer, reconhecer, distinguir, discernir.

(87) *Begriff* (ideia, noção, concepção, percepção, conceito): do verbo *begreifen*, equivalente ao nosso "apreender", que também conserva um sentido duplo, concreto e abstrato. Ao colocá-la entre aspas, Nietzsche busca fazer com que nós "estranhemos" a palavra, para refletir sobre seu(s) sentido(s).

(88) "Boa constituição": tradução que aqui se dá a *Wohlgeratenheit*. Cf. nota sobre o termo em nossa tradução de *Ecce homo* (nota 7).

(89) "Bogos": tribo do norte da Etiópia.

(90) "Uma só coisa é necessária": cf. *Lucas* 10, 42.

(91) "Os *vegetarians* [...] a autoridade do *junker* Cristóvão": segundo Colli e Montinari, trata-se de uma alusão à comédia *Twelfth Night* (Noite de Reis), de Shakespeare. Douglas Smith constatou então que Nietzsche se refere ao personagem *sir* Andrew Aguecheek, que na versão alemã de Schlegel e Tieck surge como Christoph von Bleichenwang. O trecho aludido se acha no ato I, cena 3: "*I am a great eater of beef, and I believe that does harm to my wit*". A referência é, portanto, mais uma amostra do humor nietzschiano.

(92) "Hesicastas do monte Atos": monges místicos da Igreja Ortodoxa Grega.

(93) Paul Deussen (1834-1919): colega de escola de Nietzsche, editor de Schopenhauer, tradutor e comentador de inúmeros textos de filosofia hindu. Shankara (século VIII): grande pensador religioso hindu.

(94) Arnold Geulincx (1624-69): filósofo flamengo.

(95) "Excesso do sentimento": *Ausschweifung des Gefühls*. *Ausschweifung* = digressão, dissolução, desordem, excesso, extravagância, aberração.

(96) Thomas Moore (1779-1852): poeta irlandês, biógrafo de Byron. Na frase seguinte, "o dr. Gwinner" refere-se a Wilhelm von Gwinner (1825-1917), autor de estudos biográficos sobre Schopenhauer. Outros nomes mencionados nesse trecho são: Alexander Wheelock Thayer (1817-97), historiador e biógrafo americano; Johannes Janssen, autor de *História do povo alemão desde a Idade Média* (1877); Hyppolite Taine (1828-93), historiador francês; Leopold Ranke (1795-1886), historiador alemão.

(97) A expressão grega tem os dois sentidos que aparecem na frase.

(98) "Aquele diplomata": Talleyrand (1754-1838). Colli e Montinari remetem a uma anotação, parte dos "fragmentos póstumos" de Nietzsche, na qual ele copiou a frase no original francês: "*méfiez-vous du premier mouvement; il est toujours généreux*" (Nietzsche cita de modo um pouco impreciso, como era seu hábito).

(99) "Meu reino não é deste mundo": *João*, 18, 36. "Goethe [...] 36 situações trágicas": Goethe, *Conversas com Eckermann*, 14.2.1830; na verdade, Goethe diz que o dramaturgo italiano Gozzi afirmou isso.

(100) "Aqui estou...": palavras que Lutero teria dito na Dieta de Worms em 1521, respondendo à solicitação de que negasse a sua doutrina. Logo em seguida, "tenho a coragem para o meu mau gosto": cf. frase de Stendhal no romance *O vermelho e o negro*, sobre o personagem Jean Sorel (copiada por Nietzsche num caderno de anotações, segundo Colli e Montinari): "*Il n'a pas peur d'être de mauvais goût, lui*" [Ele não tem medo de ser de mau gosto].

(101) "Filosofia da realidade": *Wirklichkeits-Philosophie*; ver nota 6. Logo antes, "toda a nossa moderna ciência": a palavra alemã que normalmente se traduz por "ciência", *Wissenschaft*, denota o saber no sentido mais amplo, não apenas o "científico" ou "exato"; existem as *Geisteswissenschaften*, "ciências do espírito", e as *Naturwissenschaften*, "ciências da natureza".

(102) "A insatisfação por uma frugalidade involuntária": *das Ungenügen an einer unfreiwilligen Genügsamkeit*. Ver nota em "Os Pensadores", p. 317.

(103) Neste caso transcrevemos a nota de Rubens Rodrigues Torres Filho: "*Selig machen* — referência à 'bem-aventurança' da doutrina cristã, mas também duplo sentido com a expressão usada para significar 'embevecer', 'abobalhar': mesma raiz do inglês *silly*" ("Os Pensadores", p. 318).

(104) "Singulares": *Abseitigen*; em inglês há uma palavra mais próxima do original: *outsiders*. Pouco adiante, no mesmo período, ocorre a palavra "eféc-ticos": são os que se inclinam a suspender o julgamento. Nietzsche deu esta definição no § 9.

(105) "Partidário do além": *Jenseitige*, termo forjado a partir de *Jenseits*, "além".

(106) Xaver (na realidade Ximénès) Doudan (1800-72): crítico francês, colaborador do *Journal des débats*, do qual Nietzsche era leitor.

(107) Em espanhol no original. Na linha seguinte, "metapolítica petersburguense e 'compaixão' tolstoiana": referência ao pan-eslavismo e sentido de missão da Rússia, no final do século XIX, e ao cristianismo heterodoxo de Tolstói na sua velhice.

(108) Ernest Renan (1823-92): historiador da religião francês, autor de *Vida de Jesus*.

(109) "A natureza deu chifres ao touro..., ao leão o abismo de dentes" — citação da ode 24 de Anacreonte (século VI a.C.).

(110) "Alemanha, Alemanha acima de tudo": começo do hino alemão.

(111) No sentido grego original de "reviravolta".

(112) No sentido nietzschiano de "coisa de mulheres", "debilidade"; *Feminismus*, no original.

APÊNDICE: FADO E HISTÓRIA

Não obstante o que Nietzsche afirma no prólogo deste livro — que teria escrito seu primeiro "exercício filosófico" aos treze anos de idade —, este é o ensaio que pode ser visto, com propriedade, como seu primeiro trabalho filosófico. Foi escrito no começo de 1862, aos dezessete anos, e apresentado à "Germania", a pequena sociedade lítero-musical que Nietzsche havia fundado com dois amigos. Nele é surpreendente encontrar — em forma embrionária, naturalmente — os temas e preocupações centrais do seu pensamento adulto, as questões que encontrariam sua formulação mais acabada em obras como Além do bem e do mal *e* Genealogia da moral. *O que aqui publicamos é o texto ligeiramente condensado, tal como foi apresentado por Richard Blunck em 1953, em sua biografia do jovem Nietzsche (depois continuada por C. P. Janz).*

Se pudéssemos contemplar a doutrina cristã e a história da Igreja com olhar isento e livre, teríamos de expressar opiniões contrárias às ideias geralmente aceitas. Porém, desde os nossos primeiros dias estreitados no jugo do hábito e dos preconceitos, e pelas impressões da infância inibidos na evolução natural de nosso espírito e condicionados na formação de nosso temperamento, acreditamos dever considerar quase um delito, se escolhemos um ponto de vista mais livre, a partir do qual possamos emitir, sobre a religião e o cristianismo, um juízo imparcial e adequado aos tempos.

Uma tentativa como esta não é obra de algumas semanas, mas de toda uma vida. Seus fundamentos devem ser apenas a história e as ciências naturais, para não se perder em "especulações estéreis". Quantas vezes toda a nossa filosofia não me pareceu uma torre babilônica: alçar-se até o céu é o objetivo de todos os grandes esforços, o reino do céu sobre a Terra significa quase o mesmo.

Uma interminável confusão de ideias entre o povo é o triste resultado; grandes reviravoltas ocorrerão, quando a massa perceber que todo o cristianismo se baseia em conjecturas; existência de Deus, imortalidade, autoridade da Bíblia, inspiração etc., sempre serão problemas. Eu tentei negar tudo isso: oh, demolir é fácil, mas edificar! E mesmo demolir parece mais fácil do que é; somos tão intimamente condicionados pelas impressões de nossa infância, as influências de nossos pais, nossa educação, que esses preconceitos profundamente enraizados não podem ser facilmente removidos por argumentos racionais ou por simples vontade. O poder do hábito, a necessidade de uma coisa mais elevada, a ruptura com tudo existente, a dissolução de todas as formas da sociedade, a dúvida, se já por dois mil anos a humanidade não foi desencaminhada por uma quimera, a sensação da própria ousadia e temeridade: tudo isso trava uma luta sem decisão, até que experiências dolorosas, acontecimentos tristes conduzem de novo o nosso coração à velha fé da infância. Porém, observar a impressão que essas dúvidas causam no ânimo deve ser, para cada um, uma contribuição à sua própria história cultural. Não podemos pensar senão que algo tem de permanecer firme, um resultado de todas essas especulações, que nem sempre pode ser um saber, mas também uma fé, sim, algo que mesmo um sentimento moral às vezes incita ou amortece.

Assim como o costume é produto de um tempo, uma direção do espírito, também a moral é o resultado de uma evolução geral da humanidade. Ela é a soma de todas as verdades para o nosso mundo, é possível que no mundo infinito não signifique mais que o resultado de uma direção de espírito no nosso; é possível que dos resultados de verdades dos diferentes mundos se desenvolva novamente uma verdade universal.

Pois mal sabemos se a humanidade mesma não passa de um estágio, um período no todo, no devir, se não é uma arbitrária manifestação de Deus. Não seria o homem apenas a evolução da pedra por intermédio da planta, animal? Já se teria alcançado nisso sua perfeição, e não haveria nisso também história? Jamais tem fim, esse eterno devir? Quais serão as molas desse grande mecanismo? Estão ocultas, mas são as mesmas desse grande relógio que chamamos história. O mostrador são os acontecimentos. A cada hora avança o ponteiro, para recomeçar sua ronda após as doze; começa um novo período do mundo [...]

Tudo se move em círculos imensos, sempre mais amplos; o homem é um dos círculos mais interiores. Querendo medir as oscilações daqueles exteriores, ele terá de, a partir de si e dos círculos mais próximos, abstrair aqueles mais abrangentes. Os mais próximos são a história dos povos, da sociedade e da humanidade. O centro comum de todas as oscilações, buscar o círculo infinitamente pequeno, é tarefa da ciência natural; agora, que o homem busca simultaneamente em si e para si este centro, percebemos a importância única que a história e a ciência natural devem ter para nós.

Mas na medida em que o homem é arrastado nos círculos da história universal, surge essa luta da vontade individual com a vontade geral; aqui se insinua este problema infinitamente importante, a questão do direito do indivíduo ao povo, do povo à humanidade, da humanidade ao mundo; aqui se acha também a relação fundamental entre *fado* e *história*.

A mais elevada concepção da história universal é impossível para o homem; mas o grande historiador, tal como o grande filósofo, torna-se profeta; pois ambos fazem abstração dos círculos interiores para os exteriores [...]

Não nos vem tudo ao encontro no espelho de nossa personalidade? E os acontecimentos não dão apenas o tom do nosso destino, enquanto a força e a fraqueza com que ele nos atinge dependem tão somente do nosso temperamento?... O que é isso, que puxa fortemente a alma de tantos homens em direção ao trivial e dificulta um mais alto voo das ideias? Uma conformação fatalista do crânio e da coluna vertebral, a condição e a natureza dos seus pais, o cotidiano das suas relações, o ordinário do seu ambiente, mesmo o monocorde do seu lugar natal. Fomos influenciados sem ter em nós a força para uma ação contrária, sem nem mesmo perceber que somos influenciados. É uma sensação dolorosa, haver cedido a própria independência numa aceitação inconsciente das impressões exteriores, haver sufocado faculdades da alma pelo poder do hábito, e a contragosto haver enterrado os germes do extravio no fundo da alma.

Em medida maior, voltamos a encontrar tudo isso na história dos povos. Muitos povos, atingidos pelos mesmos acontecimentos, foram influenciados da maneira mais diferente.

Portanto é algo restritivo querer impor a toda a humanidade alguma forma especial de Estado ou de sociedade, como estereótipos; todas as ideias sociais e comunistas sofrem desse erro. Pois o homem nunca é o mesmo novamente; mas tão logo fosse possível revolucionar todo o passado do mundo através de uma vontade forte, passaríamos a ser deuses independentes, e a história do mundo nada seria para nós senão a nossa própria ausência sonhadora; cai o pano, e o homem se encontra de novo, como uma criança brincando com os mundos, como uma criança que no rubor da manhã desperta e sorridente afasta da fronte os sonhos terríveis.

A vontade livre aparece como aquilo sem vínculos, arbitrário: é o infinitamente livre e errante, o espírito. O fado, porém, é uma necessidade, se não quisermos acreditar que a história do mundo é um sonho incerto, as indizíveis dores da humanidade são invenções, e nós mesmos joguetes de nossas fantasias. Fado é a infindável força de resistência contra a livre vontade; livre vontade sem fado é tão pouco concebível como espírito sem real, bem sem mal. Pois só a oposição cria o atributo...

Talvez, assim como o espírito é apenas a substância infinitamente pequena, o bom apenas a mais sutil evolução do mau a partir de si mesmo, a livre vontade não seja senão a mais alta potência do fado [...]

Na medida em que o fado aparece ao homem no espelho de sua própria personalidade, a liberdade de vontade individual e o fado individual são dois opositores dignos um do outro, por isso "sujeição à vontade de Deus" e "humildade" não passam de um véu para o covarde temor de afrontar com decisão o destino. Mas quando o fado, enquanto delimitador último, parece mais poderoso que a livre vontade, não devemos esquecer duas coisas, primeiro, que fado é somente um conceito abstrato, uma forma sem matéria, que para o indivíduo há apenas um fado individual, que fado nada é senão uma cadeia de acontecimentos, que o homem, tão logo atue, criando assim seus próprios acontecimentos, determina seu próprio fado, e sua atividade não começa apenas com o nascimento, mas já em seus pais e antepassados.

Livre vontade é, do mesmo modo, apenas uma abstração, e significa a capacidade de agir conscientemente, enquanto sob fado compreendemos o princípio que nos conduz na ação inconsciente, no qual está sempre em jogo uma direção da vontade que nós mesmos ainda não necessitamos ter diante dos olhos como objeto [...] Portanto, se não tomamos o conceito de ação inconsciente simplesmente como um deixar-se levar por impressões anteriores, desaparece para nós a distinção rigorosa entre fado e livre vontade, e ambos os conceitos se fundem na ideia da individualidade.

Quanto mais as coisas se distanciam do inorgânico, e quanto mais a educação se amplia, mais se torna marcante a individualidade, mais diversificados os seus atributos. Força interior, espontânea, e impressões exteriores, sua alavanca de evolução, o que são, se não livre vontade e fado?

Na livre vontade está para o indivíduo o princípio da singularização, da separação do todo, da absoluta irrestrição; mas o fado torna a colocar o homem em ligação orgânica com a evolução geral, e o obriga, na medida em que busca dominá-lo, ao livre desenvolvimento de forças contrárias; a livre vontade absoluta, sem fado, transformaria o homem em Deus, o princípio fatalista em um autômato.

O fato de Deus ter se feito homem indica apenas que o homem não deve buscar no infinito sua felicidade, mas fundar na

Terra o seu céu; a ilusão de um mundo sobreterrestre levou os espíritos humanos a uma atitude equivocada perante o mundo terrestre: foi fruto de uma infância dos povos... Em meio a difíceis dúvidas e lutas a humanidade se torna viril: ela reconhece em si o começo, o meio e o fim da religião. (Anotação da mesma época: abril de 1862.)

POSFÁCIO

Escrito originalmente para "complemento e clarificação de *Além do bem e do mal*", segundo constava no frontispício da primeira edição, *Genealogia da moral* tornou-se um dos mais influentes e controversos livros de Nietzsche. Foi redigido em julho e agosto de 1887 e publicado logo depois, às expensas do autor, como a maioria de suas obras.

Não é difícil perceber os motivos para a sua duradoura repercussão. Alguns dos temas e dos slogans mais candentes da filosofia nietzscheana comparecem neste livro: o ressentimento, a má consciência, a "besta loura", a oposição entre moral de senhores e moral de escravos, o mundo como hospício, etc. Além disso ele constitui, entre as obras da maturidade do autor, o seu maior esforço de reflexão contínua sobre um tema.

E esse tema não poderia ser mais relevante: trata-se de uma inquirição sobre como o ser humano chegou à condição atual, o que implica sondar os primórdios da cultura, os processos que envolveram a "hominização" e o posterior desenvolvimento das instituições humanas. Esta *Genealogia* recorre a conjecturas no âmbito da história e da antropologia. Ela é, em boa parte, "antropologia especulativa", na expressão de Arthur Danto. Mas Nietzsche não se contenta em simplesmente diagnosticar. Ele pretende ser médico e salvador, e assume este papel com a paixão que lhe é peculiar. Assim se explica a ocasional estridência do tom, não obstante o brilho da prosa.

Ser humano é ser antes de tudo moral. Por isso o primeiro ensaio (ou "dissertação": *Abhandlung*, no original) trata da origem da noção de "bem" e "mal". Ele se liga diretamente a *Além do bem e do mal*, em particular à seção 260, em que Nietzsche diferencia entre a moral dos senhores e a dos escravos, e à seção

195, onde ele toca na inversão de valores, a "revolta escrava na moral", que teria sido uma realização judaico-cristã. O segundo ensaio, sobre "culpa", "má consciência" e quejandos, desenvolve a percepção, já explicitada no § 229 de *ABM*, segundo a qual os impulsos cruéis se relacionam profundamente às conquistas culturais: arte, direito, religião e organização política seriam impensáveis sem eles. Mais que isso, a própria consciência — sinônimo de "má consciência" — é produto do jogo dos instintos (processo de "interiorização do homem", II 16). Uma genealogia da moral implica, inevitavelmente, uma psicologia do conhecimento.

Conclusões dos dois primeiros ensaios são levadas para o terceiro, o mais longo e ambicioso dos três. O sacerdote ascético dirige o ressentimento dos "escravos" para dentro de si mesmos; daí a ânsia pelo *nada*, o ideal ascético. O sacerdote encarnaria esta suprema contradição: um ser hostil à vida revelando-se como fator de preservação da vida. O ideal científico, apresentando-se como o rival do ideal ascético, na verdade procederia dele, por ainda acreditar na verdade, por não possuir uma "fé", uma "meta" própria. Neste terceiro ensaio nota-se algo mais que atrai neste livro: o gosto em lidar com paradoxos, em discernir identificações paradoxais onde acreditávamos perceber oposições.

No conjunto, ele parte de pressupostos tácitos e muito problemáticos, como a distinção demasiado segura entre sadios e doentes, entre agressividade sadia e patológica, ou a identificação de dureza com saúde, de poder com estar bem. Nessa ótica, apenas os pobres, "escravos", seriam miseráveis, existencialmente falando; os poderosos, "senhores", não sofreriam tanto por ser gente. E os sentimentos de uns e de outros teriam apenas o nome em comum: a compaixão dos nobres seria essencialmente diferente da compaixão dos plebeus.

Nietzsche joga com noções imensas, de contornos imprecisos: "dor", "doença", "decadência", "vontade", "verdade", "vida". Há ocasiões, por exemplo, em que "decadente" parece se referir apenas ao moderno "animal de rebanho", e em outros momentos se aplicaria ao próprio ser humano — de modo que o desenvolvimento da humanidade após o neolítico, digamos, já seria decadência.

Por trás do jogo percebemos a visão grandiosa e trágica de duas forças que se opõem através dos tempos, o duelo entre as forças da criação e da destruição, entre a vida e a morte. Algo que lembra a mitopoética freudiana de Eros em luta contra a Morte, expressa em *Além do princípio do prazer* e *O mal-estar na civilização*. De fato, pode-se dizer que *Genealogia da moral* é o mais "psicanalítico" dos textos de Nietzsche. Seria proveitoso um estudo comparativo sobre a *Genealogia* e o *Mal-estar*. Tal como o sacerdote, o psicanalista — num determinado sentido sucessor dele — é um especialista em sofrimento. Os dois livros se ocupam principalmente do sentimento de culpa, a tal ponto que os seus títulos são intercambiáveis. A semelhança é clara, por exemplo, na discussão dos três expedientes para lidar com o desprazer: a religião, o entorpecimento, o trabalho (romanticamente, Nietzsche ressalta neste o elemento desumanizador, maquinal; Freud, mais realista, dá ao trabalho um lugar eminente na "economia" da vida).

O ponto de contato fundamental, porém, está na visão do conflito entre instintos e cultura, dos mecanismos psicológicos envolvidos nessa trama, nesse drama. Entre eles, o da agressividade que se dirige para fora, que depois viria a se chamar "sadismo", e o daquela que se volta para dentro, agora denominada "masoquismo". (Na mesma época em que Nietzsche escrevia, um outro precursor de Freud, Machado de Assis, publicou o conto "A causa secreta", talvez o melhor estudo sobre o sadismo que há na literatura mundial.)

É impossível, num breve posfácio, discutir as inúmeras observações de uma obra dessa natureza, assim como o vasto edifício teórico que elas sustentam (supondo que este posfaciador tivesse a competência para fazê-lo). O problema — um dos problemas — com que se defronta qualquer leitor de Nietzsche é a enorme concentração dos argumentos, a riqueza de “saques” (para usar um coloquialismo equivalente ao inglês *insight*). O exemplo que ele dá do que entende por interpretação, no final do prólogo, pode ser aplicado ao próprio livro: de tão instigante e concentrado, *Genealogia da moral* é como um aforismo que pede milhares de linhas de interpretação.

Por fim, o leitor não deve esquecer que este livro foi escrito no século XIX. Nesse meio tempo, muito se fez e muito se descobriu nas ciências que serviram de base para as conjecturas de Nietzsche. No que toca a uma genealogia dos sentimentos e atitudes morais, os desenvolvimentos mais fascinantes, nos dias de hoje, decorrem das ideias de um pensador que foi mal compreendido e subestimado por Nietzsche: Charles Darwin.

Paulo César de Souza

ÍNDICE REMISSIVO

Os números se referem a seções, não a páginas.

FRIEDRICH WILHELM NIETZSCHE nasceu no vilarejo de Roecken, perto de Leipzig, na Alemanha, em 15 de outubro de 1844. Perdeu o pai, um pastor luterano, aos cinco anos de idade. Estudou letras clássicas na célebre Escola de Pforta e na Universidade de Leipzig. Com 24 anos foi convidado a lecionar filologia clássica na Universidade da Basileia (Suíça). Em 1870 participou da Guerra Franco-Prussiana como enfermeiro. No período em que viveu na Basileia foi amigo de Richard Wagner e escreveu *O nascimento da tragédia* (1872), *Considerações extemporâneas* (1873-6) e parte de *Humano, demasiado humano*. Em 1879 aposentou-se da universidade, devido à saúde frágil. A partir de então levou uma vida errante, em pequenas localidades da Suíça, Itália e França. Dessa época são *Aurora*, *A gaia ciência*, *Assim falou Zaratustra*, *Além do bem e do mal*, *Genealogia da moral*, *O caso Wagner*, *Crepúsculo dos ídolos*, *O Anticristo* e *Ecce homo*, sua autobiografia. Nietzsche perdeu a razão no início de 1889 e viveu em estado de demência por mais onze anos, sob os cuidados da mãe e da irmã. Nessa última década suas obras começaram a ser lidas e ele se tornou famoso. Morreu em Weimar, em 25 de agosto de 1900, de uma infecção pulmonar. Além das obras que publicou, deixou milhares de páginas de esboços e anotações, conhecidos como "fragmentos póstumos".

PAULO CÉSAR DE SOUZA fez licenciatura e mestrado em história na Universidade Federal da Bahia e doutorado em literatura alemã na Universidade de São Paulo. Além de muitas obras de Nietzsche e de Freud, traduziu *O diabo no corpo*, de Raymond Radiguet, *Poemas (1913-1956)* e *Histórias do sr. Keuner*, de Bertolt Brecht. É autor de *A Sabinada — A revolta separatista da Bahia* e *As palavras de Freud — O vocabulário freudiano e suas versões*, entre outros livros. Coordena as coleções de obras de Nietzsche e Freud publicadas pela Companhia das Letras.

COMPANHIA DE BOLSO

Jorge AMADO
Capitães da Areia
Mar morto

Carlos Drummond de ANDRADE
Sentimento do mundo

Hannah ARENDT
Homens em tempos sombrios
Origens do totalitarismo

Philippe ARIÈS, Roger CHARTIER (Orgs.)
História da vida privada 3 — Da Renascença ao Século das Luzes

Karen ARMSTRONG
Em nome de Deus
Uma história de Deus
Jerusalém

Paul AUSTER
O caderno vermelho

Ishmael BEAH
Muito longe de casa

Jurek BECKER
Jakob, o mentiroso

Marshall BERMAN
Tudo que é sólido desmancha no ar

Jean-Claude BERNARDET
Cinema brasileiro: propostas para uma história

Harold BLOOM
Abaixo as verdades sagradas

David Eliot BRODY, Arnold R. BRODY
As sete maiores descobertas científicas da história

Bill BUFORD
Entre os vândalos

Jacob BURCKHARDT
A cultura do Renascimento na Itália

Peter BURKE
Cultura popular na Idade Moderna

Italo CALVINO
Os amores difíceis
O barão nas árvores
O cavaleiro inexistente
Fábulas italianas
Um general na biblioteca
Os nossos antepassados
Por que ler os clássicos
O visconde partido ao meio

Elias CANETTI
A consciência das palavras
O jogo dos olhos
A língua absolvida
Uma luz em meu ouvido

Bernardo CARVALHO
Nove noites

Jorge G. CASTAÑEDA
Che Guevara: a vida em vermelho

Ruy CASTRO
Chega de saudade
Mau humor

Louis-Ferdinand CÉLINE
Viagem ao fim da noite

Sidney *CHALHOUB*
Visões da liberdade

Jung CHANG
Cisnes selvagens

John CHEEVER
A crônica dos Wapshot

Catherine CLÉMENT
A viagem de Théo

J. M. COETZEE
Infância
Juventude

Joseph CONRAD
Coração das trevas
Nostromo

Mia COUTO
Terra sonâmbula

Alfred W. CROSBY
Imperialismo ecológico

Robert DARNTON
O beijo de Lamourette

Charles DARWIN
A expressão das emoções no homem e nos animais

Jean DELUMEAU
História do medo no Ocidente

Georges DUBY
Damas do século XII
História da vida privada 2 — Da Europa feudal à Renascença (Org.)
Idade Média, idade dos homens

Mário FAUSTINO
O homem e sua hora

Meyer FRIEDMAN,
Gerald W. FRIEDLAND
As dez maiores descobertas da medicina

Jostein GAARDER
O dia do Curinga
Maya
Vita brevis

Jostein GAARDER, Victor HELLERN,
Henry NOTAKER
O livro das religiões

Fernando GABEIRA
O que é isso, companheiro?
Luiz Alfredo GARCIA-ROZA
O silêncio da chuva
Eduardo GIANNETTI
Auto-engano
Vícios privados, benefícios públicos?
Edward GIBBON
Declínio e queda do Império Romano
Carlo GINZBURG
Os andarilhos do bem
História noturna
O queijo e os vermes
Marcelo GLEISER
A dança do Universo
O fim da Terra e do Céu
Tomás Antônio GONZAGA
Cartas chilenas
Philip GOUREVITCH
Gostaríamos de informá-lo de que amanhã seremos mortos com nossas famílias
Milton HATOUM
A cidade ilhada
Cinzas do Norte
Dois irmãos
Relato de um certo Oriente
Um solitário à espreita
Patricia HIGHSMITH
Ripley debaixo d'água
O talentoso Ripley
Eric HOBSBAWM
O novo século
Sobre história
Albert HOURANI
Uma história dos povos árabes
Henry JAMES
Os espólios de Poynton
Retrato de uma senhora
P. D. JAMES
Uma certa justiça
Ismail KADARÉ
Abril despedaçado
Franz KAFKA
O castelo
O processo
John KEEGAN
Uma história da guerra
Amyr KLINK
Cem dias entre céu e mar
Jon KRAKAUER
No ar rarefeito
Milan KUNDERA
A arte do romance
A brincadeira
A identidade
A ignorância
A insustentável leveza do ser
A lentidão
O livro do riso e do esquecimento
Risíveis amores
A valsa dos adeuses
A vida está em outro lugar
Danuza LEÃO
Na sala com Danuza
Primo LEVI
A trégua
Alan LIGHTMAN
Sonhos de Einstein
Gilles LIPOVETSKY
O império do efêmero
Claudio MAGRIS
Danúbio
Naguib MAHFOUZ
Noites das mil e uma noites
Norman MAILER (JORNALISMO LITERÁRIO)
A luta
Janet MALCOLM (JORNALISMO LITERÁRIO)
O jornalista e o assassino
A mulher calada
Javier MARÍAS
Coração tão branco
Ian McEWAN
O jardim de cimento
Sábado
Heitor MEGALE (Org.)
A demanda do Santo Graal
Evaldo Cabral de MELLO
O negócio do Brasil
O nome e o sangue
Luiz Alberto MENDES
Memórias de um sobrevivente
Gita MEHTA
O monge endinheirado, a mulher do bandido e outras histórias de um rio indiano
Jack MILES
Deus: uma biografia
Vinicius de MORAES
Antologia poética
Livro de sonetos
Nova antologia poética
Orfeu da Conceição
Fernando MORAIS
Olga
Helena MORLEY
Minha vida de menina

Toni MORRISON
Jazz
V. S. NAIPAUL
Uma casa para o sr. Biswas
Friedrich NIETZSCHE
Além do bem e do mal
O Anticristo
Aurora
O caso Wagner
Crepúsculo dos ídolos
Ecce homo
A gaia ciência
Genealogia da moral
Humano, demasiado humano
Humano, demasiado humano, vol. II
O nascimento da tragédia
Adauto NOVAES (Org.)
Ética
Os sentidos da paixão
Michael ONDAATJE
O paciente inglês
Malika OUFKIR, Michèle FITOUSSI
Eu, Malika Oufkir, prisioneira do rei
Amós OZ
A caixa-preta
O mesmo mar
José Paulo PAES (Org.)
Poesia erótica em tradução
Orhan PAMUK
Meu nome é Vermelho
Georges PEREC
A vida: modo de usar
Michelle PERROT *(Org.)*
História da vida privada 4 — Da Revolução Francesa à Primeira Guerra
Fernando PESSOA
Livro do desassossego
Poesia completa de Alberto Caeiro
Poesia completa de Álvaro de Campos
Poesia completa de Ricardo Reis
Ricardo PIGLIA
Respiração artificial
Décio PIGNATARI (Org.)
Retrato do amor quando jovem
Edgar Allan POE
Histórias extraordinárias
Antoine PROST, Gérard VINCENT (Orgs.)
História da vida privada 5 — Da Primeira Guerra a nossos dias
David REMNICK (JORNALISMO LITERÁRIO)
O rei do mundo
Darcy RIBEIRO
Confissões
O povo brasileiro
Edward RICE
Sir Richard Francis Burton
João do RIO
A alma encantadora das ruas
Philip ROTH
Adeus, Columbus
O avesso da vida
Casei com um comunista
O complexo de Portnoy
Complô contra a América
Homem comum
A humilhação
A marca humana
Pastoral americana
Patrimônio
Operação Shylock
O teatro de Sabbath
Elizabeth ROUDINESCO
Jacques Lacan
Arundhati ROY
O deus das pequenas coisas
Murilo RUBIÃO
Murilo Rubião — Obra completa
Salman RUSHDIE
Haroun e o Mar de histórias
Oriente, Ocidente
O último suspiro do mouro
Os versos satânicos
Oliver SACKS
Um antropólogo em Marte
Enxaqueca
Tio Tungstênio
Vendo vozes
Carl SAGAN
Bilhões e bilhões
Contato
O mundo assombrado pelos demônios
Edward *W.* SAID
Cultura e imperialismo
Orientalismo
José SARAMAGO
O Evangelho segundo Jesus Cristo
História do cerco de Lisboa
O homem duplicado
A jangada de pedra
Arthur SCHNITZLER
Breve romance de sonho
Moacyr SCLIAR
O centauro no jardim
A majestade do Xingu
A mulher que escreveu a Bíblia
Amartya SEN
Desenvolvimento como liberdade

Dava SOBEL
Longitude
Susan SONTAG
Doença como metáfora / AIDS e suas metáforas
A vontade radical
Jean STAROBINSKI
Jean-Jacques Rousseau
I. F. STONE
O julgamento de Sócrates
Keith THOMAS
O homem e o mundo natural
Drauzio VARELLA
Estação Carandiru
John UPDIKE
As bruxas de Eastwick
Caetano VELOSO
Verdade tropical
Erico VERISSIMO
Caminhos cruzados
Clarissa
Incidente em Antares
Paul VEYNE (Org.)
História da vida privada 1 — Do Império Romano ao ano mil
XINRAN
As boas mulheres da China
Ian WATT
A ascensão do romance
Raymond WILLIAMS
O campo e a cidade
Edmund WILSON
Os manuscritos do mar Morto
Rumo à estação Finlândia
Edward O. WILSON
Diversidade da vida
Simon WINCHESTER
O professor e o louco

1ª edição Companhia das Letras [1998] 11 reimpressões
1ª edição Companhia de Bolso [2009] 18 reimpressões

Esta obra foi composta pela Verba Editorial em Janson Text e impressa pela Gráfica Bartira em ofsete sobre papel Pólen da Suzano S. A. para a Editora Schwarcz em julho de 2024